Cool Britannia
Junge Literatur aus Großbritannien

07.03.06

COOL BRITANNIA

Junge Literatur aus Großbritannien

Herausgegeben von
A. L. KENNEDY

Verlag Klaus Wagenbach   Berlin

Einen Großteil der Übersetzungen haben die Studenten des Aufbau-
studiengangs ›Literarische Übersetzung aus dem Englischen‹ der
Universität München, Institut für Englische Philologie, übernommen.
Der Verlag dankt ihnen für die freundliche Zusammenarbeit.

Wagenbachs Taschenbuch 533
Originalausgabe
1. Auflage im Februar 2006

© 2006 für diese Ausgabe:
Verlag Klaus Wagenbach, Emser Str. 40/41, 10719 Berlin
Herausgeberin und Verlag bedanken sich bei den Autoren, Agenten
und Verlagen für die freundliche Genehmigung zum Abdruck (siehe
Autoren- und Quellenverzeichnis Seite 156). Soweit nicht anders ver-
merkt, liegen die Rechte bei den jeweiligen Autoren.
Umschlaggestaltung: Julie August unter Verwendung eines Fotos von
Michael Grecco © workbook. Reihenkonzept: Rainer Groothuis. Das
Karnickel auf Seite 1 zeichnete Horst Rudolph. Gesetzt aus der Meri-
dien und der City. Vorsatzpapier von Schabert, Strullendorf. Gedruckt
und gebunden bei Pustet, Regensburg. Printed in Germany.
Alle Rechte vorbehalten.

ISBN-13: 978 3 8031 2533 0
ISBN-10:   3 8031 2533 2

INHALT

Vorwort von A. L. Kennedy

Ich finde es äußerst ermutigend, eine so überzeugende und vielseitige Sammlung britischer Kurzgeschichten präsentieren zu können, zu einer Zeit, in der Kurzprosa zunehmend marginalisiert und von der Kritik übersehen wird. Dass so viele junge Schriftstellerinnen und Schriftsteller sich an dieser unvergleichbar anspruchsvollen und aufregenden literarischen Form versuchen, kann für deren Überleben und den Zustand der britischen Literatur nur Gutes verheißen. Die lyrische Präzision von Gwendoline Riley, die sprachlichen Experimente Suhayl Saadis, die verstörende Sichtweise Daren Kings, die bemerkenswerte Qualität aller Autoren machte die Aufgabe, diese Anthologie zusammenzustellen und herauszugeben, zu einer wahren Freude.

Einige der hier aufgenommenen Autoren wie David Constantine oder Tessa Hadley sind bereits etablierte Schriftsteller, aber vielleicht noch nicht so bekannt, wie sie sein sollten, jedenfalls nicht als ausgewiesene Kurzgeschichtenschreiber. Andere, wie Niki Monaghan – eine Autorin von seltenem Mut und Engagement –, stehen noch ganz am Beginn ihrer, wie ich hoffe, alle Erwartungen erfüllenden Laufbahn. Der wunderbar subtile junge Autor Bill Ryan erscheint hier zuerst auf Deutsch, noch bevor er überhaupt ein Werk auf Englisch veröffentlicht hat – ein weiterer Hinweis darauf, wie schwer es inzwischen ist, Publikationsmöglichkeiten für Kurzgeschichten in Großbritannien zu finden.

Es wäre fahrlässig, die in dieser Anthologie vereinten Momentaufnahmen des britischen, sagen wir, Unterbewusstseins kommentarlos zu präsentieren. Zwölf Künstlerinnen und Künstler von bemerkenswerter Intelligenz und Eloquenz zeichnen ein erschreckendes, wenn nicht gar verstörendes Bild. Die Protagonisten sind oft desorientiert – David Constantines Liebende durchwandern in »Schlaflos« eine ständig sich wandelnde, autoritär gelenkte Stadt, Bill Ryans Held in »Dänemark« hat sogar seine Vergangenheit verloren. Paare können einander offenbar keine Freundschaft bieten, nicht einmal Verständnis – sie suchen Trost in der Bewegung. In Daren Kings »Heim Weh« ist das Heim für das zarte junge Mädchen ein Gefängnis, dem sie zusammen mit ihrem Freund zu entkommen sucht, doch ihre Abhängigkeit und Zerbrechlichkeit werden sie weiter begleiten. Für Henry Shukmans tschechischen Filmemacher ist ein Zuhause in Amerika eine unerreichbare Illusion – ein Traum, den ältere europäische Filmemacher hatten, eine Freiheit, die von Einwanderungsgesetzen und Überwachung untergraben wird.

Das Gefühl, dass hinter den konventionellen Bildern bestürzende Wirklichkeiten verborgen sind, durchzieht alle Geschichten virulent: Beziehungen sind nie so einfach oder unschuldig, wie sie scheinen – bei Gwendoline Riley und Niki Monaghan sind sie geradezu apokalyptisch. In Erica Wagners Erzählung zersplittert die Persönlichkeit. David L. Hayles untergräbt das Klischee des Superhelden.

Propaganda überlagert die Wahrheit, Gewalt lauert am Rande der Erfahrung, Isolation scheint unvermeidlich, junge Menschen sind unterwegs, auf der Suche nach kaum greifbaren Fortschritten – wahrscheinlich kein Selbstbild, das man in Großbritannien besonders angenehm fände. Bemerkenswert finde ich allerdings, dass sich in dieser Anthologie nirgends Zynismus breit macht, dass es nicht an positiver Energie mangelt. Die Menschlichkeit dieser Schriftsteller und Schriftstellerinnen erfüllt ihre klarsichtigen Beobachtungen mit Leidenschaft, Empörung, Verwirrung, Schönheit und düsterem Humor. Die Figuren erleiden Verletzungen und Unglück, Betrug und Verlust – doch die Gedanken der Autoren sind immer bei ihnen, aufmerksam und engagiert: Sie versuchen, ihre Leser zu erreichen, mit ihnen zu kommunizieren, Zeugnis davon abzulegen.

Der.

William Ryan
Dänemark

Man hatte ihm gesagt, es sei Dezember. Offensichtlich war es normal, dass die Tage im Dezember fast schon vorbei waren, bevor sie richtig begonnen hatten. Es war normal, dass es der Sonne nur selten gelang, über den grasbewachsenen Dünen hinter dem Strand aufzugehen, und es war auch normal, dass das Licht auf dem Sand flach in einer trägen Welle verlief. Im Juni würde es anders sein, hatte man ihm gesagt. Dann würden die Tage lang und heiß sein, und die Sonne würde am Himmel hängen wie eine Glühbirne an der Decke. Behaupteten sie jedenfalls.

Marks Schritte brachen in die Sandkruste ein, während er hin- und herlief, vom Gras zum Wasser und wieder zurück, auf der Suche nach Meeresglas. Von Zeit zu Zeit blickte er hoch, sah sich um und zog an seiner Zigarette, ohne dabei stehen zu bleiben. Man hatte ihm gesagt, dass sich das Meer bis nach Dänemark erstreckte, aber er wusste nicht genau, was Dänemark eigentlich war, nur dass es auf der anderen Seite war, ein gutes Stück hinter den Felsen, und zu weit weg, um dorthin zu schwimmen. Er rieb die Glasstücke, die er gefunden hatte, aneinander und stellte sich vor, jedes einzelne Glasstück sei eine Erinnerung. Man hatte ihm gesagt, seine richtigen Erinnerungen würden eines Tages zurückkehren, aber bis dahin wollte er seine Erinnerungen in der Hand halten.

Er war beinahe immer allein am Strand, und deshalb war er überrascht, einem anderen Menschen zu begegnen.

11

Sie schien mit denselben langsamen Schritten die gleichen Zickzackmuster in den Sand zu zeichnen. Sie bückte sich ebenfalls, um den Flutsaum mit seinen Muscheln nach Meeresglas abzusuchen, wo es am besten zu erkennen war. Als sie sich näher kamen, sah sie hoch.

»Sind Sie hinter meinem Meeresglas her?«, fragte sie. Ihr blondes Haar war hinten zusammengebunden, und ihre Augen waren eisbergblau. Ein schelmisches Lächeln ließ ihr knochiges Gesicht weicher erscheinen.

»Könnte schon sein. Tut mir leid.« Er öffnete die Hand, um ihr das Glas zu zeigen, das er gefunden hatte.

»Sie können es haben, wenn Sie mögen.«

Er hatte das Gefühl, dass sie von woandersher stammte. Es war die Art, wie sie sprach, als wollte sie das Gewicht der Wörter prüfen. »Sind Sie aus Dänemark?«

»Nein«, lachte sie. »Ich komme aus Deutschland.«

»Deutschland?« Er runzelte die Stirn. »Tut mir leid, aber das kenne ich nicht. Liegt es da drüben?« Er zeigte in Richtung Dänemark. Es wäre wirklich eine Hilfe, wenn er Dänemark sehen könnte. Es hörte sich groß an.

Sie hörte auf zu lachen. »Ja, da liegt es. Neben Dänemark, aber die meisten Leute wissen das eigentlich. Geht es Ihnen nicht gut?« Er mochte es, wie sie seinen Arm berührte. Es war anders als die Berührungen der Krankenschwestern.

»Doch, mir geht's gut. Aber ich hatte einen Unfall. Und deshalb ist alles ein bisschen neu für mich. Oder zumindest ist nichts sehr alt. Jedenfalls was mich angeht.« Er lachte. Er wusste, dass er nervös klang. Er war nervös.

»Verstehe«, sie schien mitfühlend zu sein, was im Allgemeinen eine gute Sache war, wie er erfahren hatte.

»Ja. Ich treffe Leute, die mich schon seit Jahren kennen, und ich habe keine Ahnung, wer sie sind. Neulich habe ich meine Mutter getroffen. Eine reizende Frau. Ich denke, wir werden uns gut verstehen. Wenn sie erst einmal mit dem Weinen aufgehört hat.« Er zuckte mit den Schultern und lächelte. »Sie hat mir einen Schokoladenkuchen mitgebracht.« In jenem Augenblick war es ihm wichtig erschienen, aber jetzt war er sich da nicht mehr so sicher.

»Sie machen sich über mich lustig.«

»Nein, ehrlich. Ich weiß noch nicht einmal, wo Dänemark liegt, außer dass es irgendwo da drüben ist, und das weiß ich auch nur, weil man es mir erzählt hat. Ich könnte sogar Sie kennen, aber wenn, dann wüsste ich es nicht. Ist es denn so? Kenne ich Sie?«

Sie lächelte. »Nein. Ich würde mich an Sie erinnern. Sie sind ziemlich amüsant.«

»Ja. Meine Mutter hat gesagt, dass mein Sinn für Humor intakt geblieben ist. Aber ich habe wirklich gedacht, dass eine Mutter jemand ist, der einem Kuchen bringt. Manchmal auch Trauben und Schokolade, aber meistens Kuchen. Ich wollte eigentlich gar nicht witzig sein. Wie auch immer, sie sagt, sie kann auch anderes als Kuchen backen.«

Sie nahm seinen Arm und ging neben ihm her. »Sie sind sehr nützlich, wenn man irgendwo hinkommen möchte, die Mütter, meine ich. Oft können sie Auto fahren.«

»Oh, ich kann Auto fahren. Das ist nicht das Problem. Ich weiß nur nicht, wieso ich es kann.« Er tippte sich an den Kopf. »Gedächtnislücke. Und weshalb sammeln Sie dieses Glas?«

»Ich mache Bilder daraus. Mosaiken. Buntglasfenster.«

»Bilder.« Er versuchte, sich ein Bild aus Glas vorzustellen, und gab es auf. »Für mich sind sie Erinnerungen. Sehen Sie?«, sagte er und streckte ihr die Hand hin. »Das ist ungefähr alles, was ich an Erinnerungen habe. Man sagt mir, dass es bis Juni mehr sein werden, aber vorläufig ist das alles, was ich habe.«

»Wie ich sehe, haben Sie nur grüne Erinnerungen. Ich selbst suche blaue Erinnerungen, aber die findet man hier nur selten.«

Er zeigte auf das flüsternde, glatte Meer und den Sand. Es war sehr kalt. »Laufen die Leute im Juni hier wirklich nackt herum? Und schwimmen? Da drin? Man hat mir gesagt, dass es wärmer wird, aber es erstaunt mich schon.«

»Doch, es stimmt. Allerdings nicht ganz nackt. Was ist Ihnen eigentlich passiert? Dieser Unfall, meine ich?«

»Ich weiß nicht. Es war ein Autounfall. Jemand ist gestorben. Ich glaube, sie war auch aus Deutschland. Daran erinnere ich mich.« Er mochte es, wenn er sich erinnern konnte.

»Wie hieß sie?«

»Tut mir leid, das weiß ich nicht, man hat mir nur erzählt, dass sie aus Deutschland kam. Wie Sie.«

Sie waren nebeneinander hergelaufen und bückten sich beide nach demselben Glasstückchen. Er hob es auf und gab es ihr. Sie nahm es und blieb stehen, sah ihn an. Ihr Gesichtsausdruck war schwer zu deuten. Sie schien nach der Antwort auf eine Frage zu suchen, die ihn betraf.

»Das muss schwer für Sie sein. Haben Sie sie gekannt?«

»Ja, das hat man mir erzählt, aber ich frage nicht gern nach ihr. Es scheint die Leute traurig zu machen, wenn ich das tue. Wie auch immer, wissen Sie, ich bin mir nicht sicher, dass ich diese ganze Sache mit dem ›Tod‹ begriffen habe. Verschwinden wir wirklich einfach? Das kommt mir nicht richtig vor. Es ergibt keinen Sinn, dass Erinnerungen einfach verschwinden. Na gut, meine haben das getan.« Dabei zeigte er auf seinen Kopf und schnippte mit den Fingern. »Aber sie sind immer noch irgendwo da drin, hat man mir gesagt. Es ist nur so, dass mein Gehirn sie nicht finden kann. Genauso könnte sie auch immer noch hier sein, bloß dass wir sie nicht sehen können.«

»Das ist ein schöner Gedanke.« Sie legte ihm die Hand an die Wange. »Ich hoffe, es geht Ihnen bald besser.« Ihre Finger waren warm, weil sie sie in der Manteltasche gehabt hatte. »Ich fürchte, ich muss los. Es wird bald dunkel, und ich muss zurückgehen. Trotzdem, es war nett, Sie kennen zu lernen. Vielleicht sehen wir uns hier unten irgendwann wieder.«

»Ich fand es auch nett, Sie kennen zu lernen«, sagte Mark. »Ich hoffe, das alles war jetzt nicht zu befremdlich.«

Seine Mutter hatte es befremdlich gefunden. Er wusste,

dass er die Menschen verunsicherte, und er fand es schade, dass sie ging.

Sie lächelte, tätschelte ihm beruhigend den Arm und ließ ihre Hand einen Moment auf seinem Ärmel verweilen. Dann wandte sie sich um und ging hinauf zu den Dünen und den Bäumen, und dann vermutlich dorthin, wo sie wohnte. Er fragte sich, wie es dort wohl aussehen mochte. Ihr hellgrauer Mantel schmiegte sich in der Brise wie angegossen an ihre Beine. Er blickte zu Boden und sah ein Stück blaues Glas.

»Warten Sie.« Er hatte es nicht laut gesagt, aber der Wind musste seine Worte weitergetragen haben, und sie drehte sich um. »Ich habe ein Stück blaues Glas für Sie gefunden.« Er hielt es hoch, damit sie es sehen konnte.

»Danke«, sagte sie. »Behalten Sie es als Erinnerung an mich.« Sie drehte sich wieder um und ließ ihn mit dem Glasstückchen in der erhobenen Hand stehen, als wollte er ihr zum Abschied winken.

Die Tage waren jetzt länger, und manchmal schien es tatsächlich wärmer zu sein. Mark ging gern in der halben Stunde vor Sonnenuntergang am Strand entlang und rauchte eine Zigarette, während er den Seevögeln dabei zusah, wie sie ihre Runden am Strand drehten. Es war zu dunkel, um nach Meeresglas zu suchen. So weit draußen wie an diesem Abend hatte er die Ebbe noch nie gesehen, und er lief dort, wo für gewöhnlich das Meer brandete. Der flache Sand war mit einer hauchdünnen Wasserschicht bedeckt, die in der Abendsonne makellos silbrig schimmerte, soweit das Auge reichte. Es erinnerte ihn an das erste Mal, als er hier unten bei Ebbe geraucht hatte. Er hatte die Zigarette fallen lassen, und sie hatte so deplatziert gewirkt, dass er sie aufgehoben und mit nach Hause genommen hatte. Jetzt hatte er immer einen kleinen Aschenbecher mit aufklappbarem Deckel dabei, der in seiner Tasche blieb, warm von der Asche, bis er ihn später ausleerte. An diesem Abend war es unten am Strand friedlich, nichts war zu hören als das Echo einer Brise und das rhythmische Streichen einer Welle.

Hinter einer Biegung erblickte er einen Mann in einem langen schwarzen Mantel mit einer schwarzen Aktentasche in der Hand, der mit dem Rücken zu Mark stand, direkt am Wassersaum. Mark suchte nach einem Anhaltspunkt, weshalb der Mann dort war, und fand lediglich eine Fußspur, die dorthin führte, wo er immer noch völlig reglos stand. Mark überlegte, ob der Mann sich wohl mit Selbstmordabsichten trug.

Der Gedanke war nicht ganz abwegig, fand er. Jeden Moment könnte der Mann mit dem Hut erst seinen Mantel ausziehen und dann seinen Anzug. Er würde die Kleidungsstücke ordentlich zusammenlegen, und dann würde er einen großen Felsbrocken in die Hand nehmen und langsam ins Wasser hinauswaten. Mark würde ihn retten müssen. Hier war es seicht, und der Mann müsste etwa hundert Meter weit laufen, bevor sich das Meer über seinem Kopf schließen würde. Wenn er mit dem Stein hinausginge, müsste Mark ihm hinterherrennen und den verzweifelten nackten Mann in der Brandung überwältigen. Es wäre wie die Szene in dem Film, den er neulich gesehen hatte. Wie hieß er doch gleich? War es *Verdammt in alle Ewigkeit*? Er war froh, dass er sich an den Titel erinnern konnte. Es wäre wie im Film, nur dass Mark vollständig angezogen und der Mann nackt wäre.

Der Mann hatte sich noch immer nicht von der Stelle gerührt. Mark hoffte, er würde wenigstens die Unterwäsche anbehalten. Wenn nicht, würde es schwierig werden, einen Halt an der nassen Haut des Mannes zu finden, aber Mark war sich sicher, er würde das Unterhemd gut zu fassen bekommen.

Mark glaubte nicht ernsthaft, dass der Mann vorhatte, sich das Leben zu nehmen, aber bisweilen machte es ihm Spaß, sich vorzustellen, was gleich geschehen könnte. Und wenn er das tat, erhaschte er manchmal einen flüchtigen Blick auf seine eigene Vergangenheit. Nur das Aufflackern einer Erinnerung, wie ein vertrautes Gesicht in einer Menschenmenge, und während er jetzt den Mann beobachtete, hatte er wieder dieses Gefühl und wusste, was immer der Mann da tat, war geheimnisvoll und wichtig, und wenn er ihn unterbrach, könnte etwas zerstört werden.

In der Zwischenzeit hatte der Mann begonnen, mit gesenktem Kopf am Wellensaum auf und ab zu laufen, als würde er nach etwas suchen. Einen Augenblick später hielt er inne, nahm den Hut ab und legte ihn sorgfältig auf den Boden. Dann öffnete er seine Aktentasche und holte einen silbernen Behälter heraus.

Mittlerweile ging die Sonne unter, und der orangefarbene Himmel verwandelte sich nach und nach in ein dunkles Rot. Der Mann blickte hoch und schien sich zu sammeln, bevor er seine Aufmerksamkeit wieder dem Behälter zuwandte, ihn öffnete, langsam ins Wasser leerte und sich dabei mit den Wellen vor und zurück wiegte. Der Inhalt breitete sich in einer Rauchwolke über dem purpurnen Meer aus. Nach einem letzten Schütteln war der Behälter leer, und er setzte den Deckel wieder auf. Was immer der Mann getan hatte, er war damit fertig, und Mark ging auf ihn zu und pfiff dabei, um ihn nicht zu erschrecken.

Als Mark sich näherte, drehte sich der Mann um und schüttelte ungläubig den Kopf. Er ging auf ihn zu, blieb einen halben Meter vor ihm stehen und beugte sein Gesicht nahe zu Marks, sein Atem roch nach Vanille, seine Augen waren tränenfeucht. Er war ein alter Mann, mit einem langen, traurigen Gesicht.

»Ich dachte, ich sei allein.« Seine Stimme klang, als käme er von woandersher. Mark hätte ihn zu gern gefragt, ob er aus Dänemark war oder vielleicht aus Deutschland, aber er dachte, das könnte unhöflich wirken.

»Schon in Ordnung«, sagte Mark und streckte die Hand nach dem Arm des Mannes aus. »Ich wollte Sie nicht stören.«

Die Schultern des Mannes schienen von der Last seiner Aktentasche nach unten gezogen zu werden. »Danke«, sagte er leise. »Ich gehe jetzt, wenn Sie nichts dagegen haben.«

Mark tätschelte ihm den Arm und spürte Sand auf der Jacke des Mannes. »Machen Sie sich keine Gedanken. Es wird alles gut«, sagte er.

Der Mann schüttelte den Kopf, drehte sich um und ging davon.

Jetzt, wo es wärmer war, waren viel mehr Menschen am Strand, obwohl sie sich immer noch nicht sonnten. Zuerst hatte er gedacht, dass die seltsame Ruhe, die vom Alleinsein kam, verschwinden würde, wenn viel los war, aber er stellte bald fest, dass er in Menschenmengen oder auch nur unter einer Handvoll Leuten fast unsichtbar war. Tatsächlich geschah es am ehesten an den entlegenen Enden des Strandes, wo der Sand von menschlichen Schritten nahezu unberührt und das einzige Geräusch die Schreie der Silbermöwen und die Brandung der Wellen waren, dass Leute ihm zunickten oder sogar Hallo sagten.

Auch schien das wärmere Wetter die Menschen zu entspannen, und sie hatten jetzt eine Lockerheit an sich, die er interessant fand. Manchmal fing er Gesprächsfetzen auf, die die Brise herantrug. »Ich würde nicht mit ihm schlafen, wenn ich von Jenny wüsste, also weiß ich nichts von ihr«, hatte er eines Abends mitbekommen. Er hörte sonst nichts und rätselte stundenlang darüber. Offenbar wusste sie von Jenny, und doch hatte sie sich entschieden, nichts zu wissen. Er war sich nicht sicher, wie das möglich sein konnte.

Es gab hier auch ziemlich viel Meeresglas. Er hob ein grünes Stück auf, die Oberfläche verkalkt und weich von all den Jahren im Wasser. Er stellte sich Stadtmenschen auf einer sommerlichen Segelpartie vor und eine Flasche Wein, die über Bord fiel. Er sah sie langsam in die Dunkelheit sinken, um auf einem Felsen zu zerschellen, tief unter der Meeresoberfläche. Er wischte den feuchten Sand ab, der an dem Glas klebte. Als es sauber war, steckte er es in die Tasche und ging weiter zum Kai, der den Kanal zu dem kleinen Hafen schützte und das lange Ufer in zwei teilte. Als er auf den Kanal zuging, hörte er ein scharrendes Rascheln. Eine Lumme saß im Sand, ihre schwarzen Federn zerzaust und am Rumpf geknickt. Sie sah ihm ruhig entgegen, obwohl Mark nicht wusste, wie er hätte erkennen können, wenn sie Angst gehabt hätte. Manchmal fand er bei Flut tote Lummen, ausgestreckt im Tang und Treibgut an der Flutlinie, ihr glänzendes schwarzes Gefieder wie ein Taucheranzug, und ihre langen Hälse deuteten landeinwärts. Auch diese hier schien geduldig ein ähnliches Schicksal zu erwarten. Sie bewegte den Kopf ein kleines bisschen, um ihn im Auge zu behalten. Etwa einen Meter entfernt von ihr kniete Mark sich hin.

»Was bist du denn für einer«, sagte er.

Er kniete dort und fragte sich, was er tun solle. Er konnte sie einfach hier allein lassen. Es war halb acht, und er sollte gegen acht zurück im Haus sein. Die schwarzen Augen des Vogels schienen ihn zu mustern, und er überlegte, wie es sein müsse, allein an einem Strand auf den Tod zu warten. Bei diesem Gedanken stieß er pfeifend den Atem aus, und die Lumme zuckte zusammen. Jetzt erschreckte er das arme Ding auch noch, als ob es nicht schon verängstigt genug war. Er stand auf und blickte sich um. Eine Frau, etwa in seinem Alter, ging vorbei, und er hob die Hand und deutete auf den Vogel. Wenigstens konnte er die Last mit jemandem teilen.

»Die niedliche Kleine«, sagte sie, als sie bei ihnen war. »Sie muss verletzt sein. Dabei scheint sie gar keine Angst vor uns zu haben. Bestimmt spürt sie, dass wir es gut mit ihr meinen.« Mark war sich sicher, dass die Lumme ein Männchen war, wollte aber der Frau nicht widersprechen. Sie hatte breite, mütterliche Hüften und einen festen, offenen Blick.

»Können wir da etwas machen? Die Flut kommt bald. Man findet ständig am Strand tote Vögel.« Er hörte, wie Panik in seine Stimme kroch. Was seltsam war, denn so sehr kümmerte ihn der Vogel nun auch wieder nicht.

»Natürlich können wir etwas tun. Wir tragen den Vogel den Strand hoch und rufen jemanden. Was sagst du dazu, Kleines?« Die Lumme blickte zu ihr hoch. Die Idee schien ihr zu gefallen.

»Das ist doch ein Plan. Wie fangen wir es am besten an? Soll ich sie hochheben?« Er streckte die Handflächen aus, als ob er den Vogel wie auf einem Tablett tragen wollte. Die Frau sah ihn an wie seine Mutter, wenn sie fand, dass er sich absichtlich dumm anstellte.

»Keine Sorge, ich wickle sie in meinen Pullover. Komm, Kleines.« Sie kniete sich neben den Vogel und nahm ihn in die Hand; protestierend hob er einen Flügel und hielt dann still. »Armes Kerlchen, du bist ja völlig erschöpft.«

»Gut gemacht«, sagte Mark. Er hatte das Gefühl, etwas sagen zu müssen.

»Jetzt geht's ihr gut. Wir nehmen sie mit heim und rufen beim Vogelschutzbund an. Wo wohnen Sie?«

Die Frage implizierte, dass sie zum Haus gehen würden, was ihn beunruhigte. Er war sich nicht sicher, wie sie im Haus mit einem verletzten Vogel umgehen würden. »Hier? In der Stadt? Ein bisschen außerhalb. Ziemlich weit, genau genommen.«

Sie lachte. »Machen Sie sich keine Gedanken, ich wohne gleich da drüben. Wie heißen Sie eigentlich? Ich bin Helen.« Sie ließ den Vogel mit einer Hand los und hielt ihm diese hin. Die Lumme unternahm einen schwachen Versuch, sich freizustrampeln.

»Mark«, sagte er. »Hoffentlich lässt sie nichts auf Sie fallen.«

»Da wäre sie nicht die Erste. Also. Was machen Sie beruflich?« Sie zuckte mit den Schultern, um zu zeigen, dass es eigentlich nicht wichtig war, was er machte, aber sie sah ihn weiter mit diesem festen Blick an.

»Ich bin eine Art Schriftsteller, glaube ich. Aber ich nehme gerade eine Auszeit. Mir geht es nicht so gut.«

»Ach?« Sie streichelte den Kopf der Lumme. »Ich schreibe auch, Gedichte. Und Lieder.« Sie zuckte wieder mit den

Schultern. Er war sich nicht sicher, was das zu bedeuten hatte. Also lächelte er höflich. »Aber hauptsächlich unterrichte ich. An der Universität.«

»Sie sind eine vielbeschäftigte Frau.« Sein Lächeln schien sie zu entspannen.

»Ich habe eine Geschichte für Sie«, sagte sie. »Ich wollte sie eigentlich selbst verwenden, aber Sie können sie haben. Vielleicht bringt sie Sie wieder zum Schreiben.«

»So?«

»Ja. Vor einiger Zeit war ich in Deutschland, und auf dem Rückflug saß ich neben einem alten Mann. Er wirkte sehr distinguiert. Wie dieser alte Schauspieler. Max von? Wie heißt er doch gleich?«

»Max von Sydow?« War das eine echte Erinnerung? Oder eine frische? Er war entzückt. Nur selten erinnerte er sich an Dinge, die anderen Leuten nicht einfielen.

»Ja, den meinte ich. Er hatte eine Aktentasche dabei, und ich kam mit ihm ins Gespräch. Ich rede gern mit anderen Menschen, wenn ich reise. Ich höre gern ihre Geschichten. Vielleicht geht es Ihnen auch so.« Er war sich zwar nicht sicher, nickte aber trotzdem zustimmend.

»Wie auch immer, es stellte sich heraus – « Sie machte eine Kunstpause. »Dass er seine Tochter in der Aktentasche dabeihatte. Das heißt, eine Hälfte von ihr.«

»Eine Hälfte? In der Aktentasche?«

»Ich weiß. Die andere Hälfte hatte er daheim verstreut. Irgendwo in Deutschland. Sie wohnten am Meer.« Sie verzog das Gesicht. »Er war sehr, sehr traurig. Untröstlich. Sie war seine einzige Tochter. Ich kann mich nicht erinnern, woran sie gestorben ist. Auf jeden Fall unerwartet. Aber ausgerechnet in der Woche vor ihrem Tod hatte sie darum gebeten, dass ihre Asche zur Hälfte daheim in Deutschland und die andere Hälfte hier verstreut würde, genau an diesem Strand.« Sie wartete auf eine Reaktion von ihm.

»Der arme Mann. Aber ich glaube nicht, dass ich zweigeteilt werden möchte, wenn ich tot bin. Ich glaube, ich möchte vollständig an einem Ort sein. Wenn nicht, hätte ich

Angst, dass mein Geist keine Ruhe finden würde.« Er fragte sich, ob die deutsche Tochter wohl noch an diesen Stränden herumgeisterte.

»Seien Sie nicht albern«, sie zeigte mit der Lumme auf ihn und fuchtelte mit ihr herum. »Geister gibt es nicht. Nur Kinder glauben an Gespenster.« Die Lumme versuchte, ihren Kopf irgendwo in sich selbst zu verstecken; sie sah alles andere als glücklich aus.

»Ich glaube, Sie machen dem Vogel Angst«, sagte Mark, wobei er selbst ganz nervös war. Er war sich nicht sicher, woher diese Angst kam, aber seine Beine zitterten, und er wäre am liebsten weggelaufen. Aber das war lächerlich, und er zwang sich, still zu stehen.

»Oje, wirklich? Armer kleiner Vogel. Armer Vogel.« Sie hob den Vogel hoch zu ihrem Gesicht. »Der doofe Mann hat über Geister geredet, nicht wahr? Du glaubst doch nicht an Geister, oder? Du bist kein doofer Vogel, nicht wahr?«

»Er sieht aus, als ob er wieder in Ordnung wäre«, sagte Mark, und sie ließ den Vogel wieder sinken. Sie machten kehrt und gingen in Richtung Dünen. »War es nicht seltsam, dass ihm die Tochter das mit der Asche gesagt hat? So kurz, bevor sie gestorben ist? Glauben Sie, dass sie eine Vorahnung hatte?«

»Wer weiß?« Sie strich die Nackenfedern des Vogels glatt. »Wir werden es nie erfahren.«

»Sie muss eine Verbindung zu diesem Ort gehabt haben, meinen Sie nicht auch?«

»Ja, ich denke schon. Ich denke, sie muss hier gelebt haben und ist vielleicht oft hier am Strand spazieren gegangen. Aber genau das ist ja das Gute an Geschichten, man kann sie sich ausdenken. So. Wir wohnen da oben.« Sie zeigte mit der Lumme auf eine Häusersiedlung.

Er sah auf die Uhr. »Es tut mir leid. Ich muss gehen. Ich bin um acht mit einem Freund verabredet.«

»Mit einem Freund? Da dürfen Sie nicht zu spät kommen. Übrigens, ich wohne in Nummer zweiundzwanzig. Wenn Sie in der Gegend sind, können Sie ja vorbeikommen.

Auf eine Tasse Tee vielleicht? Ich kann Ihnen dann erzählen, was aus der Kleinen geworden ist.«

»Ja, oder wir sehen uns vielleicht einmal am Strand. Es tut mir leid, dass ich Sie mit dem Vogel allein lasse.«

»Der Vogel?« Sie sah hinunter auf die Lumme. »Aber nein. Sie ist ein Schatz. Oh«, sie runzelte die Stirn, »jetzt hat sie mich doch bekleckert.«

»Oje.«

»Macht nichts. Bis dann. Nummer zweiundzwanzig.«

»Wiedersehen. Und danke für die Geschichte.« Jetzt wirkte sie freundlich, aber vorher war sie fast wütend gewesen. Er empfand diese Art von Unberechenbarkeit als ermüdend.

»Nummer zweiundzwanzig«, hörte er noch, als er oben an der Stelle war, wo der Weg eine Biegung nach links machte. Sie hielt die Lumme noch einmal in seine Richtung. Er winkte und ging weiter den Weg entlang, der zum Haus führte.

Beim Laufen ertappte er sich dabei, dass er über den Geist des deutschen Mädchens nachdachte, der bis in alle Ewigkeit am Strand nach seiner fehlenden Hälfte suchte. Er sah ihr Bild vor sich, so klar wie eine Erinnerung. Sie hatte blondes Haar und blaue Augen. Die Augen waren von einem ganz besonderen Blau, aber er konnte es sich selbst nicht richtig beschreiben. Seine Finger fanden ein Stück Glas in der Tasche, und er holte es heraus, um es sich anzusehen. Es war blau. Er konnte sich nicht erinnern, jemals ein blaues Stück Glas aufgehoben zu haben. Aber es war wunderschön. Vielleicht hatten ihre Augen dasselbe Blau wie das Glas. Es fing die letzten Sonnenstrahlen auf und ließ ihn lächeln.

Deutsch von Marina Matijevic

Gwendoline Riley

Narziss des Nordens

Ich setzte mich auf die Bordsteinkante gegenüber der Methodist Central Hall. Zu meiner Rechten konnte ich die Kreuzung sehen, an der Piccadilly Gardens anfängt; die Brücke über dem Brunnen dort, die dreckigen Busse. Wenn Kelly käme, würde sie aus dieser Richtung kommen.

Die Leute, die in die Oldham Street einbogen, hatten die Schultern unter dem Mantel hochgezogen; das Gesicht dem Regen ausgesetzt. Ich kämpfte mit mir, welches Gesicht ich aufsetzen sollte. Ich wusste ja nicht einmal, ob sie dienstags arbeitete, ich hoffte es nur.

Ein Blatt Papier trieb im Rinnstein auf mich zu und verfing sich an einer Zigarettenpackung zwischen meinen Füßen. Es schaukelte auf dem dreckigen Wasser. Ich sah auf die verschwommenen Wörter und dann wieder auf die Uhr und dachte, halb zehn und sie könnte sich verspätet haben, zehn vor zehn und sie kommt nicht. Es war fünf vor zehn.

An der Ecke verteilte eine Frau in einer leuchtend gelben Weste U-Bahn-Prospekte. Ich wich dem Zettel, den sie mir entgegenstreckte, gerade noch aus; ich wandte den Kopf ab und musste dann stehen bleiben, weil mich plötzlich zwei Arme fest umfingen: Raue rosa Hände breiteten sich auf meinem Bauch aus. Ich legte meine eigenen kalten Hände darauf und ging langsam weiter. Die andere Person ging mit mir mit und hielt mich weiter fest.

»Wo warst du?«, sagte ich.

»Hinter dieser Straßenlaterne«, sagte sie und kam neben mich, um sie mir zu zeigen, »ich hab mir Notizen gemacht.«

Ich sah sie einen Moment lang an und dann wieder weg. Ich sah noch mal hin, als wir nebeneinander herliefen. Ich hatte gewusst, dass ich sie an diesem Tag sehen würde, ich hatte so eine Vorahnung, als ich aufwachte. Ich nahm den Umschlag, den ich morgens eingesteckt hatte, aus der Tasche: meinen Geldbeutel, den Lohn von Roadhouse. Ein dichtes Durcheinander kuligekritzelter Rechenkunst endete mit = £ 55.

»Du arbeitest also nicht?«, fragte ich. »Willst du was unternehmen? Wir könnten damit ein neues Leben anfangen, oder wir könnten nach Blackpool fahren ...«

»Okay«, sagte sie.

Okay. Ich rannte vor und machte Bocksprünge über die Poller am Bordstein. Drei hintereinander. Ich hörte die Schlüssel und das Kleingeld in meinen Taschen hüpfen. Und ich hörte sie lachen.

* * *

Blackpool verändert sich nicht. Straßenbahnen von der Farbe verkochten Kohls zockelten an der öden Strandpromenade entlang; der graue Sand war mit Bierdosen und zerzausten Möwen übersät. Wir frühstückten in einem Café hinter dem Tower: An einem Tisch im Schaufenster unterhielten wir uns und zersägten die Toasts in gleichmäßige Streifen; einige der Opfer draußen ließen uns zusammenzucken. An der Bushaltestelle gegenüber ging ein barfüßiger alter Mann mit fettigen Strähnenhaaren langsam um das Wartehäuschen herum.

»Das ist Methusalem«, sagte Kelly.

»Sieht aus wie ein Clubhaus für Stadtstreicher«, sagte ich.

Geplatzte und zerborstene Plastikflaschen lagen davor im Rinnstein und auf dem matschigen Gehsteig: ein Schandfeld zertrümmerter Raketen. Im Wartehäuschen befanden sich ein Mann, der mit Schatten boxte, und zwei alte Damen mit Dosen in der Hand und Einkaufstüten um ihre Füße drapiert. Eine stach mit gekrümmtem Finger auf die andere ein, um sich Recht zu geben. Ihr Haar war nikotinfarben, aufgebauscht wie Rauchschwaden, voller Spangen. Der kämpfende Mann wirkte völlig in sich versunken, er presste den Kiefer zusammen. Ich sah Kelly an, und bald erwiderte sie meinen Blick.

Das letzte Mal, als wir uns getroffen hatten, war sie am Ende sehr betrunken gewesen. Ich hatte mich gefragt, ob jene Nacht ihr wegen dem, was später passierte, vielleicht peinlich war. Manchmal sagen Leute Sachen zueinander, die nicht wahr sind, und es spielt keine Rolle: Insgeheim sind sie sich einig. Bei ihr spielte es eine Rolle, und als wir in ihrem Bett landeten, konnte ich in ihren Augen sehen, was sie dachte, dieses »Das ist es nicht« und »Wir tun ja nur so, als ob«. Sie behielt diese Gedanken für sich. Ich versuchte, gegen diese kriechende, alles durchnässende Kälte anzuarbeiten, aber ich merkte, wie meine Kräfte verebbten. Ich musste aufhören.

Als ich dalag und zuhörte, wie mein Atem sich beruhigte, hatte ich das Gefühl, dass wir beide angestrengt versuchten, auf keinen Fall Bitterkeit oder Langeweile oder Angst zu zeigen. Was für eine traurige Farce, dabei wollte ich, dass wir Freunde werden. Ich sagte: »Ist alles in Ordnung?«, und sie nickte.

Jetzt ergriff ich ihre Hände über den Kaffeetisch.

»Hör mal«, sagte ich, »ich mag dich. Ich mag dich, wenn du nüchtern bist, und ich mag dich, wenn du betrunken bist. Das sind zwar zwei sehr unterschiedliche Menschen, aber sie sind beide echt spitze.«

Sie schien daraufhin auf den Tisch herunter anzuschmunzeln, dann nahm sie meine Hände hoch und küsste die Handgelenke von innen, die Knochen entlang. Ich wusste nicht, was ich sagen sollte. Ich sagte: »Du bist süß.«

Ich rutschte auf ihre Seite des Tisches herüber und versuchte, sie auf den Mund zu küssen, aber sie wandte sich ab. Sie hob schnell ihre Teetasse hoch, nippte daran und sah dabei wieder aus dem Fenster, auf die Stadtstreicher. Als sie die Tasse wieder absetzte, führte sie meine Hand unter den eng an der Bank festgeschraubten Tisch und stopfte sie unter ihren Rock und in ihre Strumpfhose, ihren Slip. Ich weiß nicht, warum sie das tat. Ich mochte das nicht besonders, so in der Öffentlichkeit, aber trotzdem lachte ich in ihren Nacken. Ich sagte:

»Walhalla.«

Sie sagte nichts.

»Du hast wohl gar keine Hemmungen«, sagte ich.

Sie schüttelte den Kopf:

»Ich fürchte, ich bin hoffnungslos gehemmt«, sagte sie, »das weißt du doch.«

Ihre Finger trommelten einen traurigen Marsch auf die Tischplatte.

»Lass uns gehen«, sagte sie.

Als wir draußen waren, schauten wir beide an uns herunter, um uns den verschütteten Zucker von den Kleidern zu klopfen. Blackpool Tower war für die Jahrtausendwende goldfarben gestrichen worden. Wir schauten gemeinsam zu ihm hoch. Unterhalb der Stützpfeiler, in den wettergegerbten Beton geschraubt, hingen Fotos vom Zirkus. Während wir in der Schlange für Tower World warteten, sagte ich das, was man so über über Clowns sagt und dass sie einem einen ziemlichen Schrecken einjagen können. Kelly legte die Arme um mich, und ich drückte sie an mich, bis sie quiekte. Ich küsste ihr Haar.

Wir fingen mit dem Untergeschoss an, im Aquarium. Das wabernde Licht aus den Wasserbecken verwandelte alle Anwesenden in graue Geister. Ich berührte einen Rochen, der in einem seichten Becken seine Bahnen zog. Kelly stand hinter ein paar Schulkindern und beobachtete eine Schildkröte, die einsam und verlassen ihr kleines Reich durchschwamm. Kelly hielt die Hände auf dem Rücken, den Kopf hoch erhoben. Ich trocknete mir die Hände an den Jeans und ging hinüber, um mich neben sie zu stellen.

»Komm, wir sehen uns mal an, ob sie das Land der Zukunft renoviert haben«, sagte ich.

Das war im ersten Stock. Wir suchten einen Weg nach oben. Kniehohe Kleinkinder umwuselten uns, und der Geruch von kalten Ofenpommes.

Das Land der Zukunft war immer noch die gleiche dunkle Höhle, die ich aus meiner Kindheit kannte. Wir drückten die Knöpfe an den Vitrinen. Ich schaute eine Roboterhand an und ließ meine Finger durch das Hologramm eines abgeschlagenen Kopfes schnellen.

»Die bekommt man jetzt im Arndale Centre«, sagte Kelly, während sie die Hand flach auf eine Plastikkugel legte, aus deren Innerem ein Neonlichtstrahl hervorschoss und sich auf Kellys Handfläche legte. Ich legte meine Hand auch auf die Kugel. Kelly ging weiter, um die Ecke, die Treppen hoch.

Ich drückte die Feuerschutztür auf und folgte ihr in den Tower Ballroom. Auf der Bühne spielte ein Mann im weißen Smoking und grünen Hemd *Til There Was You* auf einer schrulligen Wurlitzer. Wir gingen um die Tanzfläche herum und nach oben zu den Verkaufsständen. Als Kelly sich den Weg zum Kaffeetresen bahnte, wackelte sie im Takt der Musik mit dem Hintern. Ich betrachtete das Wackeln. Wir bestellten Tee, aber die grellen Kuchenstücke hinter den dunstigen Plastikscheiben sahen wir uns nur an. Die Donuts waren mit giftgrünem Tortenguss und vertrockneter pinkfarbener Marmelade beschmiert. Es gab Rum-Babas, mit Kokosraspeln bestreute gelbe Plätzchen, riesige knubbelige Scones. Kelly trug unser Tablett zu einem Tisch neben dem Geländer.

Als wir über unsere Arbeit redeten, erzählte ich ihr, dass ich mich am liebsten so von meinen Projekten in Anspruch nehmen ließe, dass ich mich um nichts anderes mehr kümmern könnte. Ich sagte, dass man mich nach meinem Tod hoffentlich in einem schmuddeligen Zimmer voll zerknülltem Papier finden würde.

»Ein bisschen wie ein Nest«, sagte ich.

Kelly nickte und grinste. Sie sagte, sie hätte bei dem, was sie machte, das gleiche Gefühl. Wir verstanden uns, und ich war glücklich. Unten auf der Bühne lehnte sich der Organist zurück und sah über seine Schulter, um den Tennessee Waltz anzukündigen. Auf der Tanzfläche drehten sich nur alte Frauen mit alten Frauen. Sie trugen orangefarbene Nylonkniestrümpfe und gemusterte Kleider, die von ihren mageren, buckligen Rücken herabhingen. Wir sahen auf sie hinunter. Ihre Haare waren steif und blau getönt, die knochigen Hände hatten sie sich gegenseitig auf Schultern und Hüften gelegt.

»Das Land der Zukunft«, sagte Kelly.

Ich beobachtete, wie sie den Deckel der Teekanne hob und die aufgebrühten Teebeutel mit dem Löffel umrührte.

»Lass mich eingießen«, sagte sie.

Wir kamen nicht bis zur Spitze des Tower. Nach dem Tee wollte Kelly ans Ende des North Pier gehen. Wir standen lange schweigend da und sahen hinaus, die Hände auf der verrosteten Reling, die Haare zerzaust und verkrustet vom Salzwind. Das Meer war grau und unruhig und sehr weit draußen. Plötzlich sagte ich zu ihr:

»Bist du in jemand anderen verliebt?«

Ich hatte nicht bemerkt, dass ich das sagen würde. Sie stockte, bevor sie antwortete.

»Im übertragenen Sinn bin ich das«, sagte sie. Sie öffnete die Augen und sah mich an. Sie wusste, was sie gesehen hatte. Ich kam mir komisch vor.

»Ich scheine immer da zu landen«, sagte sie.

Ich betrachtete unsere beiden nasskalten Schatten an der Wand der Spielhalle.

Deutsch von Anne Bussmann

Henry Shukman
Roadmovie

Es war hirnrissig, das weiß ich, aber erst einen ganzen Monat, nachdem mein Visum abgelaufen war, brachen wir Richtung Westküste auf. Dass wir so lange zögerten, war Candelas Schuld. Sie wartete auf ein *Zeichen*. Ich hatte bereits zwei Briefe erhalten, per Einschreiben, und eine Woche zuvor war ein Freund in einer ähnlichen Notlage von der Einwanderungsbehörde INS zum John-F.-Kennedy-Flughafen eskortiert worden, nachdem man ihm gerade mal eine halbe Stunde Zeit zum Packen gelassen hatte. Was für ein Zeichen brauchst du noch, fragte ich sie. Aber erst am vergangenen Sonntag, es war Neumond, verkündeten die Sterne endlich, dass die rechte Zeit gekommen sei. (Candela ist Astrologin von Beruf, von ihrer Veranlagung her ohnehin.) Heiliger Tag, heilige Stadt, sagte sie.

Sie wollte in Santa Fe auf unserem Weg nach Westen heiraten. Ein Teil ihrer Vorfahren waren Taino-Indianer, und der Ort ihrer Verehelichung durfte nicht durch das Blut der Ureinwohner entweiht sein. Wie Manhattan zum Beispiel.

Stellen Sie sich also eine ausgeräumte Wohnung vor, ins Licht der Wintersonne getaucht, mit Stapeln von Kisten überall. Eine Frau mit langen schwarzen Haaren sitzt auf blanken Dielen und lächelt und weint abwechselnd ins Telefon. Hinter ihr starrt ein Mann aus dem Fenster. Wir schwenken herum und sehen sein Gesicht: leuchtend blaue Augen, rötliche Stoppeln auf dem Kinn, fast schon ein Bart. Er wirkt fremdländisch. Vielleicht wegen seiner schroffen, eigenartig dunklen Augenbrauen oder seiner weichen, aufgeworfenen Lippen. Außerdem wirkt er besorgt. Wir schwenken auf das staubige Fenster und folgen seinem Blick hinunter auf eine Suppe aus Pendlerfahrzeugen, die auf einer breiten Straße schimmert ...

So ungefähr. In Wirklichkeit ging es wesentlich chaotischer zu. Candela verbrachte tatsächlich die letzte Stunde am Telefon, aber ich stand nicht herum und starrte aus dem Fenster. Ich war viel zu sehr damit beschäftigt, ihre Siebensachen zu packen.

Wir werden die Stadt bei unerträglichem Sonnenschein verlassen, hatte mir Candela in jenem orakelhaften Tonfall verkündet, in den sie immer verfällt, nachdem sie ihre Karten und ihren Almanach befragt hat. Sie hatte Recht. Ein sonniger Wintermorgen in New York ist *einzigartig* auf der Welt. Dieses überschäumende Sonnenlicht, das der Hudson wie kein anderer schaufelweise zurückwirft, die glitzernden Feuerleitern, die Querstraßen, die auf der einen Seite rosig leuchten, auf der anderen in Schatten getaucht sind, und die noch vereinzelten Autos – ein gelbes Taxi, das wie ein Käfer glänzt, ein donnernder Lastwagen, der zu einem Tunnel stürmt, ein silbernes Auto mit einem Jackett im Rückfenster, das zu einem Büro gleitet. Das muß man einfach mögen. Es ist unerträglich wegzugehen. Zumal nun all die kleinen Cafeterias, die Feinkosterias und Imbisserias und Muffinerias rasselnd ihre Rollläden hochziehen und den Kaffee aufsetzen. Nirgendwo fühlt es sich so gut an, eine Tasse Kaffee in den Händen zu halten, dessen Dampfschwaden vor dem Gesicht den Luftbewegungen aus den U-Bahn-Schächten folgen, wie an einem Morgen in Manhattan.

Candelas Wohnung lag in einem dieser massiven Gebäude der Lower West Side. Dort war es in einem Anfall von Pragmatismus zu Anfang des zwanzigsten Jahrhunderts Mode gewesen, Wohnblöcke so würfelförmig wie nur eben möglich zu gestalten und sie aus nüchternen, kastanienbraunen Backsteinen zusammenzusetzen. *Kastanienbraun* mag vielleicht schick klingen, aber stellen Sie sich das mal auf 100 Meter Länge vor. Das ist ungefähr so erhebend wie die grauen Geschenke, die die Sowjets in meiner Heimat hinterlassen haben. Ich hatte mich hier vier Monate lang im vierzehnten Stock eingenistet (genau genommen im dreizehnten: Man glaubt gar nicht, wie abergläubisch die Amerikaner sind).

Nun stellen Sie sich vor, wie ich die West Street am silbrig glänzenden Bett des Hudson entlanghaste und in ein kleines Büro neben einem Parkplatz der Autovermietung U-Haul trete.

»Carel?«, fragt ein rundlicher Mann hinter dem Tresen.

»Felix?«

Wir geben uns die Hand und strahlen dabei wie Freunde, die sich aus den Augen verloren hatten. Felix ist der Autovermieter, mit dem ich telefonierte. Er lässt sich viel Zeit, um den Papierkram zu erledigen, klimpert unentwegt auf seiner Computertastatur.

Währenddessen schnattert ein Fernseher auf dem Tresen. So ein Typ sagt: »Mann, Larry, das wird der Megasturm. In Oregon ist jetzt schon ein halber Meter gefallen, Frau Holle lässt die Fetzen fliegen, nun bewegt er sich geradewegs auf den mittleren Westen zu.«

Der Wetterkanal.

»Oje!«, macht Felix und klimpert unbeirrt weiter. »Sieht so aus, als ob Sie da in ein ganz schönes Wetterchen geraten.« Man sprach vom Schneesturm des Jahres. Na klasse, dachte ich. Manchmal werde ich nicht schlau aus Candela. Wenn sie mir helfen will, warum sagt sie nicht einfach Ja und bringt es hinter sich, warum muss es in New Mexico sein, warum konnten wir nicht früher fahren.

Innerlich fluche ich, erinnerte mich dann aber daran, was der alte Lepinski, der Direktor der Kunstakademie des Volkes, immer zu sagen pflegte: Ein guter Regisseur macht aus jedem Wetter etwas.

Nächste Einstellung: Ich und der Portier rollen eine Karre mit Kisten zu einem silbernen U-Haul-Wagen. Während wir ihn beladen, blicke ich finster drein und springe herum wie ein Darsteller in einem Stummfilm.

Candela setzte ihre Sonnenbrille auf und stolzierte durch die Eingangshalle. »Manchmal muss man einfach gehen«, sagte sie, als sie in den Transporter kletterte. Ich konnte sehen, wie ihre Unterlippe zitterte. »Wenn es nicht geht«, begann ich.

»Es wird gehen.«

Noch nicht einmal einen Block weiter fing sie wieder an zu weinen, sah stur gerade aus und zitterte schweigend.

Schnitt: Der silbrig glänzende Transporter färbt sich plötzlich grau, als er in einen Tunnel eintaucht. Darüber ein grünes Schild: Sie verlassen jetzt New York.

Endlich unterwegs.

Der Transporter, der wie ein alter Straßenkreuzer gefedert ist, schaukelt und wiegt sich sanft. Ein Schalthebel regelt alles – Scheibenwischer, Blinker, Licht. Servolenkung, Automatik: Man fährt mit einem Finger, einer Zehe. Der fette Motor schnauft beim Beschleunigen. Man sitzt hoch über der Straße. Das gefällt mir. Nur die Fahrer der 18-rädrigen Lastwagen sitzen höher.

Nun will ich ein wenig über mich erzählen. Ich bin ein Mann mit einem Bart: mit durchaus mehr als nur Stoppeln. Ich bin ein guter Filmemacher, weil ich gewissenhaft bin. Wenn ich nicht Regisseur geworden wäre, hätte aus mir ein guter Ingenieur werden können. Ich kann mit Maschinen umgehen. Ich verstehe etwas von ihnen, sie gefallen mir, ich habe Geduld mit ihnen. Daher bin ich auch ein guter Cutter. Und mir gefällt mein Beruf oder vielmehr meine Berufung, nicht immer ist es nur ein Beruf. Ist das nicht das Erste, was man übers Filmen lernt? Man hofft auf den großen Geldregen, aber selbst die ganz Großen müssen monatelang ohne Arbeit auskommen – da bleibt viel Zeit zum Grübeln. Warum ich meine tschechische Heimaterde verlassen habe? Nun, welcher Filmemacher möchte nicht in Amerika sein? Und was Hollywood betrifft, Tscheche zu sein heißt, gut zu sein. Osteuropa und Zelluloid passen zusammen wie Burger und Ketchup. Hoffentlich.

Aber genug davon. Draußen vor dem Fenster gibt es etwas wesentlich Interessanteres: Amerika!

Den ganzen Morgen hatten wir herrliches Frühlingswetter. Die Schnellstraße nach New Jersey glänzte weiß im Sonnenlicht und knackte still an den Fugen vor sich hin. Das Land sah wie geleckt aus. Das war das wahre Amerika, so sauber, dass man von den Vorortstraßen essen konnte, ein Ort, an dem man seine Autoreifen einmal in der Woche abspritzt. Ich finde das grandios. Warum regen sich die Leute immer über Amerika auf? Sogar die Amerikaner selber. Auch Candela. Sie meint, der einzige Ort, an dem sie je wohnen wolle, sei New York. Die anderen Städte seien seelenlos, voller Autos, und in jedem Bundesstaat gebe es die gleichen McDonald's und Burger Kings.

Na und? Es geht doch nichts über die McDonald's-Schilder, die nachts an den Autobahnabfahrten leuchten. Es geht nichts über die Viertelpfünder bei Burger King. Über die Viertelkreise der Baseballfelder und Vierteldollarmünzen im Portemonnaie. Und erst die Viertel der Städte. Nichts geht über die fünfspurigen Straßen in den Zentren und die ellenlangen Parkplätze zwischen den Supermärkten. Nichts über die Reihenhäuser in den Vorstädten mit Gehwegen für Kinder unter Bäumen, weil die Straßen, auf denen die Eltern mit 30 Sachen entlangbrausen, zu gefährlich sind. Das gefällt mir, ich finde es großartig und begehrenswert. Wenn ich nur eher hierher gekommen wäre, wenn ich hier studiert und eine dieser Honigblondinen geheiratet hätte, deren Vater zum Beispiel Obstbauer gewesen wäre und die mit mir, als wir frisch verliebt waren, Hand in Hand durch die Baumreihen spaziert wäre und für mich die röteste Frucht gepflückt hätte, die ich je gesehen hätte. Wir hätten in der Obstplantage anbändeln, in den Rocky Mountains unsere

Flitterwochen verbringen und uns in einem Vorort niederlassen können. Ich *vergöttere* diese beschissenen Vororte mit ihrem beschaulichen, ordentlichen Lebensstil, ihren Ehefrauen, die arbeiten und backen und ins Fitnessstudio gehen und nicht rauchen. Ich habe genug von den versoffenen, heiser gerauchten europäischen Schlampen, die zu gewieft sind, um schlicht zu sein, zu gewieft, um glücklich zu sein.

Wir fahren Süd über West unter einer selbstbewussten, doch milden Sonne. Die grünen Berge zu unserer Linken entlang dem Skyline Drive färben sich in der Dämmerung rotbraun.

Die Nacht bricht herein. Wir sind gerade an Roanoke, Virginia, vorbeigefahren. Candela schläft neben mir. Ich kann nun etwas über sie erzählen, mit gedämpfter Stimme. Stellen Sie sich ein schlankes, eher schon schlaksiges Mädchen in schwarzen Jeans, weißem T-Shirt, schwarzer Jacke und Baskenmütze vor, die ihr Gesicht an die Scheibe gelehnt hat. Ihre Wangen leuchten hin und wieder im Scheinwerferlicht der entgegenkommenden Autos auf. Sie ist halb Polin, halb Puertoricanerin und Vollblutamerikanerin. An zwei Stellen sind ihre verschiedenartigen Gene übereingekommen: Sie hat dichte Augenbrauen und hohe Wangenknochen. Sonst haben sie sich verteilt: eine herrlich gebogene, spanische Nase, blasse, östliche Lippen und einen Teint, der zuweilen farblos und pudertrocken, zuweilen olivenfarben und fettig erscheint.

Sie zieht sich gern provokant an, Bordellstil mit Hippie-Einschlag. Sie besitzt einen riesigen Schrank voller winziger Fetzen: glitzernde Hotpants und Miniröcke aus Samt. Das hat etwas mit ihrer Einstellung zum Patriarchat zu tun, diesem Studentenkram, den man irgendwann aufliest und dann sein ganzes Leben lang wie einen Dorn in der Seite mit sich herumträgt. Verstehen Sie mich nicht falsch, ich bin kein Chauvinist, ich habe lediglich etwas gegen ein Leben, das von starren Philosophien diktiert wird. Ich wusste gleich, dass ihre Kleidung ein politisches Bekenntnis ist, deshalb durfte ich sie ihr auch ausziehen.

Wir sind uns in Prag begegnet, wo sie sich mit Zahlenmystik befasste. Den ganzen letzten Winter habe ich ihr meine Lieblingsplätze gezeigt, die Starszki Lounge, das Pecan Sky, Mramsna's Restaurant, preiswerte, aber authentische Orte, und so lernte sie das andere Prag kennen. Wir aßen Kuchen auf der Karlsbrücke und küssten uns zu den Klängen eines blinden Akkordeonspielers. Wir absolvierten das komplette Programm, aber trotzdem war es nur eine Affäre, ein Zeitvertreib. Ich hätte sie gern zu Lesungen und Filmvorführungen und ähnlichen Veranstaltungen mitgenommen, aber es war nicht der Mühe wert, gegen die missbilligende Miene anzukämpfen, die mir nicht länger gewogen war. Ich zeigte ihr jedoch einen meiner Filme mit einem alten Projektor an meiner Küchenwand, aber sie verstand die Dialoge nicht.

Das Leben ändert sich und mit ihm unsere Erwartungen. Nach einer gescheiterten Ehe merkt man, dass die Liebe nicht das ist, was man glaubte. Candela bot mir die Möglichkeit eines einfacheren Lebens. Als sie mich nach Amerika einlud, ergriff ich die Gelegenheit. Wir beide wollten heiraten. Warum auch nicht? Sie mag zehn Jahre jünger sein als ich, aber sie ist in einem Alter, in dem es einem leichter fällt zu wissen, wo man steht. Aber psst. Gerade schniefte sie tief, was bedeutet, dass sie sich jeden Augenblick wie ein Baby strecken und dann aufwachen wird.

Wenn New York einen gut behandelt, ist alles wunderbar. Wenn es einen schlecht behandelt, ist es verheerend. Hier ein Beispiel:

Ein ödes Verwaltungsbüro. Ein Mann in einem schlecht sitzenden Anzug lässt eine Schublade mit Akten aufschnappen, sucht eine heraus und knallt sie auf seinen Schreibtisch. Er kramt in den Seiten, klemmt sich das Telefon zwischen Schulter und Ohr und greift nach einer Magentablette. Er trägt eine Brille und einen Schnurrbart – das gesichtslose Gesicht der Bürokratie.

»Dieser Typ hier, dieser C. Hašek«, fragt er in den Hörer.

»Hat der sich je gemeldet?« Er schaut finster auf die Akte, unterdrückt ein Rülpsen. »Aha. Wir sollten ihm vielleicht einen kleinen Besuch abstatten ... Genau so ist das ... In fünf Minuten vorm Eingang.«

Schnitt: ein dunkelblaues Auto. Die Tür wird geschlossen, und darauf ist ein Wappen mit den Initialen INS zu sehen und, falls man es immer noch nicht kapiert hat, auf dem Armaturenbrett liegt ein Plastikschild:»Einwanderungsbehörde – Sonderparkgenehmigung der New Yorker Polizei«.

Die Kamera fährt nach oben (Kranfahrt). Weit unten biegt das Auto in den Schatten unseres kastanienbraunen Häuserblocks ein. Die Kamera senkt sich und fährt näher an die Beamten heran, die an der Wohnung 14F klingeln. Der Portier erscheint. Die Beamten senken betrübt ihre Köpfe, während sie ihm zuhören, und reichen ihm dann feierlich die Hand.

Nächste Einstellung: Mr. Brille-und-Schnurrbart unterhält sich mit Felix im U-Haul-Büro. Felix zuckt nur mit den Achseln:»Er wollte die Route 66 nehmen. Das ist vermutlich die I-40? Er hatte es ziemlich eilig.«

Der Beamte nickt.»Das glaube ich gern.«

Er steigt zurück ins Polizeiauto, und während er vom Straßenrand wegfährt, verdeckt ein Sonnenstrahl auf der Windschutzscheibe sein Gesicht.

(Sie verstehen schon: ein Bürokrat mit Magengeschwür und Mission.)

Das *Cracker Barrel*. Dies könnte eine eigenständige Montage sein.

Ein Restaurant im Stil einer Scheune mit künstlich verwitterten Holzwänden und einem riesigen Kamin, den ein schmiedeeisernes Gefäß mit Aromaöl schmückt. Der Geschäftsführer in Schlips und ordentlicher Strickjacke stochert mit einem langen Stock im Feuer und bringt die Scheite zum Knistern, dann lehnt er den Schürhaken wieder an den Kaminvorsprung und reibt sich zufrieden die Hände.

Es war schön, ihm zuzuschauen. Man konnte förmlich sehen, welches Vergnügen es ihm bereitete, selbst tipptopp sauber zu sein und sich gleichzeitig mit einem wilden, schmutzigen Element einzulassen, wenn auch am anderen Ende eines einen Meter langen Schürhakens. Ich dachte: Das ist Amerika: hundert Prozent Komfort und Reinheit inmitten der Wildnis.

Die Speisekarte quoll über mit Tages- und Wochenangeboten, Fischgerichten und Spezialitäten des Hauses.

Candela und ich lächelten uns an. Für zwei Stadtvögel wie uns war es irgendwie peinlich – aber irgendwie auch nett –, im tiefsten Virginia Zeuge dieser aufgesetzten Rustikalität zu werden. Wir wussten beide, dass es geschmacklos war – bedeutet städtisch zu sein nicht letztendlich, dass man sich die Regeln des guten Geschmacks angeeignet hat? –, aber es gefiel uns. Candela schenkte mir ein zaghaftes Lächeln und rümpfte ihre Nase. »Das ist besser als Denny's«, meinte sie.

»Denny's?«

»Das ist eine andere Restaurantkette.«

»Das hier ist eine Kette?« Ich war fassungslos: hundert identische Pseudoscheunen übers ganze Land verteilt, die alle die gleichen Spezialitäten feilboten. Nun gefiel es mir erst recht.

Als wir mit unseren Bierhumpen anstießen, klang es dumpf, als wären sie aus Ton.

Nach den süßen Kartoffeln mit Schweinebraten und Apfelsoße hatte ich gerade noch Platz für eine Tasse Kaffee und ein Stück Apfelkuchen aus der großen Auswahl – holländisch, französisch, nach Südstaaten-Art oder Art des Hauses. »Gehen wir«, sagte Candela, während ich die Karte studierte.

»Nur ein Stück Kuchen.«

»Aber der Transporter.« Wir hatten den Transporter auf dem PKW-Parkplatz abgestellt, säuberlich ausgerichtet zwischen den beiden dafür vorgesehenen weißen Linien. Candela glaubte nicht, dass man ihn dort zwischen den Personenwagen parken durfte.

»Dem Transporter geht's gut.«

»Was ist, wenn wir abgeschleppt werden?« Candela überfallen oft plötzliche Bedenken.

»Warum sollten wir abgeschleppt werden?«

Sie wiegte den Kopf. »Was, wenn doch?«

Ich führte ins Feld, dass auch die Fahrer der 18-rädrigen Lastwagen essen und daher vor Restaurants parken mussten. Sie sah mich böse an und trommelte mit ihrer Gabel auf ihren leeren Teller. Candela ist kein Vernunftmensch. Vernunft beleidigt sie. Sie glaubt, dass die westliche Welt seit Plato auf dem Holzweg ist. Früher haben wir darüber diskutiert – obwohl es natürlich ein sinnloses Unterfangen ist, mit einem unvernünftigen Menschen zu diskutieren –, jetzt aber habe ich mich an diese Laune gewöhnt und rege mich nicht weiter auf, und seitdem verstehen wir uns besser. Der Apfelkuchen würde bis zum nächsten Cracker Barrel warten müssen. Im Motel auf der anderen Straßenseite schauten wir fern bei schlechtem Empfang, bis wir einschliefen.

Schnitt: unser Beamter der Einwanderungsbehörde in seinem trostlosen Büro. Er schließt eine Akte und trommelt mit den Fingern auf seinen Schreibtisch. Dann greift er zum Hörer. Missmutig sagt er: »Hier hat jemand die Fliege gemacht, vermutlich Richtung Westen.«

Er hört schweigend zu, murmelt: »Aha.« Er spielt mit dem Verschluss einer grellrosa Flasche mit dem Magenmittel Pepto-Bismol. »Ja, L.A., mit Zwischenstopp in New Mexico oder so ... I-40 ... Oh, das Visum ist schon vor Wochen abgelaufen.«

Allmählich breitet sich ein Lächeln über seinem Gesicht aus. »Klasse«, sagt er. »Einwandfrei.«

Er legt auf, nimmt einen kräftigen Schluck aus der Pepto-Flasche und wählt eine andere Nummer.

»Juanita? Wie heißt unser Mann in Memphis?«

Stellen Sie sich das Dach unseres heimeligen Motels vor. Der ›Day's Rest‹-Neonschriftzug leuchtet durch die Nacht, die Autos sind wie Pferde in Reih und Glied vor den Zimmern ihrer schlafenden Besitzer aufgestellt. Die Kamera fährt nach oben, enthüllt nach und nach das dunkle, hügelige Land, das mit Lichtpünktchen übersät ist. Graue Wolkenbausche huschen über die Leinwand, immer dichter, immer mehr, bis sie zu einer Nebeldecke erstarren. Die immer blasser wird, bis sie grell weiß ist. Auf der Tonspur heulen kräftige, heisere Windböen. Das Weiß zerfällt zu Schneeflocken, die in alle Richtungen wirbeln. Um sie herum mehr Dunkelheit. Es ist schwer zu sagen, was gerade passiert. Allmählich löst sich das Dunkel auf, und wir sehen wieder die Lichtpünktchen. Wir merken, dass wir wieder auf die Erde zusteuern inmitten eines Schneesturms. Wir *sind* ein Schneesturm. Da unten sind wieder das ›Day's Rest‹, das Dach des Motels, die Autos davor. Wir peilen einen Asphaltstreifen zwischen zwei Autos an, beschleunigen und halten darauf zu. Plötzlich Dunkelheit. Stille. Wir sind auf den Boden aufgeschlagen.

Nächste Einstellung: trübes Tageslicht. Unser Mann mit dem Stoppelgesicht öffnet im Schlafanzug die Tür, schaut in den weißen, schneeverhangenen Himmel. Er geht barfuß einen Schritt vorwärts, zuckt zusammen. »Autsch!« Er ist auf Eis getreten. Der ganze Parkplatz gleicht einer weichen, weißen Decke. Aus den Autos sind kleine Schneehügel geworden.

Schnitt zum Schlafzimmer: Ebenjener Mann steigt zur Schwarzhaarigen ins Bett, die aufrecht sitzt und einen Kartenstapel in der Hand hält. Sie fröstelt und entzieht sich ihm. »Du bist *kalt*«, jammert sie und legt dabei weiter Karten auf die Bettdecke. »Und halt still.«

Er zappt durch die Fernsehsender, stößt auf riesige, orangefarbene Schneepflüge mit voller Beleuchtung in tiefem Schneegestöber an einem grauen Wintermorgen irgendwo im Landesinneren. Eine aufgeregte Männerstimme sagt: »Sogar Louisiana bekommt etwas ab, Larry. Das will etwas heißen. Ich darf gar nicht daran denken, was weiter östlich passiert. Ich bin bloß froh, nicht in Boston zu sein ...«

Unser Mann im Bett stöhnt: »Oh nein.«

Die Frau beugt sich über die Karten und lächelt. »Das Wetter wird uns helfen«, verkündet sie. »Bete um Eis.«

»Eis? Wir haben noch viertausend Kilometer vor uns.«

»Das Eis ist unser Verbündeter.«

In der Eingangshalle des Motels frühstückten ein paar Leute gedankenverloren. Eine Atmosphäre des Wartens umgab sie. Einige behaupteten, die Autobahn sei gesperrt, andere hingegen, dass Salz gestreut werde. Wir setzten uns neben einen kräftigen Schwarzen, der kurz aufsah und »Hallo« sagte, sich dann wieder bedächtig seinen Frühstücksflocken widmete.

Ich schlürfte meinen Kaffee und starrte auf meinen Donut. »Was sollen wir bloß machen?«, fragte ich kläglich.

»Wir fahren natürlich weiter.«

Candela holte eine Kaffeekanne und schenkte uns und unserem Nachbarn nach.

»Danke sehr«, sagte er.

Wir kamen ins Gespräch. Er fuhr einen 16 Meter langen Lastwagen, der mit chinesischen Lebensmitteln beladen war. »Ich habe Chow Mein, Chop Suey, was das Herz begehrt.«

»Ein 16-Meter-Imbiss«, sagte ich.

Er lachte langsam und tief.

»Wohin fahren Sie?«, fragte Candela und zerbröselte ihren Donut.

»Ich weiß nicht, ob ich überhaupt *irgendwohin* fahre.« Er zog seine Augenbrauen unglaublich weit nach oben.

Candela tat es mit einem Achselzucken ab. »Aber gewiss doch.«

»Na ja, ich fahr Bambussprossen und Sojabohnen, is' nich' gut, wenn das hier so lange rumliegt.« Seine Augenbrauen marschierten wieder nach oben.

»Zumindest sind sie gut gekühlt«, bemerkte Candela.

Das gefiel ihm. »Jawohl.« Er lachte wieder dröhnend.

»Und sollten wir von der Außenwelt abgeschnitten werden, haben wir wenigstens etwas zu essen.«

Das gefiel ihm auch. Er lachte schallend und schüttelte den Kopf und beruhigte sich langsam unter vielen *Mmhmms*. Ich hatte gar nicht gewusst, dass die Schwarzen aus dem Süden tatsächlich solche Geräusche machen.

»Um ehrlich zu sein«, sagte er, »ich kann diesen chinesischen Mist nicht mal ausstehen.«

Dafür schloss ich ihn ins Herz: Die Menschen hier in Amerika sagen wirklich solche Sachen! In diesem Land muss man einfach nur die Kamera mitlaufen lassen.

Wir schlichen in vereisten Fahrrinnen auf der Kriechspur. Candela fuhr. Hin und wieder drückte sie ihre Arme durch, wenn eine Sturmböe vorbeitoste und unsere Sicht behinderte. Inmitten des Gestöbers war es eine Glückssache, ob man eine Metallwand oder das Leuchten eines Rücklichtes vor sich ausmachen konnte.

Wir fuhren durch eine eigenartige Landschaft: ruhig und friedlich mit kleinen Hügeln zu beiden Seiten, die in ihren Schneedecken käseweiß aussahen. Das war Tennessee. Der Schnee auf der Straße wich hin und wieder silbernen Schaufeln, aber nirgendwo so dramatisch wie im Fernsehen. Ich hatte mir einen Abstecher zur Musikstadt in den Kopf gesetzt, aber wir gerieten in einen Stau, und Candela wollte lieber vorankommen. Alles, was ich von Nashville sah, war ein atemberaubender, flüchtiger Blick auf die grau-blauen Hochhäuser, die sich aus der Ebene erhoben. *Hier* ließ es sich leben. Hier müsste man Manager in der Chefetage eines Bürogebäudes im Zentrum sein, sich von seinem Schreibtisch erheben, während sich die Stadt unter einem ausbreitet, ein seidengefüttertes Jackett überziehen, die lederne Aktentasche zuschnappen lassen und eines der wartenden Taxis zum Flughafen nehmen, um die Mittagsmaschine nach Atlanta zu erwischen, wo man, zum Beispiel, einen Vertrag mit einer CNN-Tochter unterzeichnet. Dann Abendessen auf dem Rückflug und, unglaublich, Frau und Kinder tauchen auf dem Flughafen auf, um einen abzuholen. Sie lässt einen niederknien, damit man die Kinder umarmen kann, bevor sie einen mit diesem besonderen Kuss empfängt. Sie kommt direkt von der Hausarbeit. Sie ist ungeschminkt, trägt ein Sweatshirt mit dem Namenszug seiner ehemaligen Uni und Jeans. Aber ihre Augen leuchten hell. Sie liebt einen, und in diesem Moment kann man sein Glück gar nicht fassen, wohlhabend, verliebt und in Amerika zu sein.

Weiter geht's, auf glattem Asphalt, durch die Nacht in Tennessee.

Es gibt Gründe, warum man sich meinetwegen Umstände macht. Dass ich mir in der Heimat einen Namen gemacht habe, und besonders diesen Namen, hat auch seine Schattenseiten. Die Einwanderungsbehörde hat mich nicht als politischen Flüchtling anerkannt. Was Osteuropa betrifft, sind diese Zeiten vorbei. Mit dem Zusammenbruch des Regimes in meinem Heimatland änderte sich meine Situation. Man wollte mich nicht mehr. Ich habe nichts gegen Havel und seine Leute, aber sie haben etwas gegen mich. Es stimmt schon, dass ich im alten System nicht gerade gelitten hatte. Ich durfte drehen, und meine Filme waren nicht regimekritisch, aber warum auch? Nicht jeder Künstler muss gleich ein Politiker sein.

Das Leben ist kompliziert, die Kunst auch, aber ich bin der Überzeugung, dass ein Künstler das Recht hat zu arbeiten. Ich wollte nicht einen Maulkorb während der ersten zehn Jahre meines künstlerischen Schaffens tragen nur wegen eines Kabinetts voller langweiliger, alter Typen in grauen Anzügen. Und als ein Kabinett voller etwas jüngerer Typen in blauen Anzügen an deren Stelle trat und mir mitteilte: »Wir mögen Ihre Arbeit nicht, aber wie wär's mit einem Reisepass?«, warum sollte ich ablehnen? Was man auch immer über mich in meiner Heimat sagt, jedes Kind weiß, wohin ein Filmemacher gehört.

Ich rechtfertige mich gerade. Das ist eine unschöne Angewohnheit, aber keiner von uns hat eine reine Weste. Keiner von uns hat es wirklich verdient, Hand in Hand mit dem Mädchen in Weiß durch die Obstplantage zu flanieren.

Memphis erwischt es während der Nacht. Als wir aufwachen, sind wir unter Schneemassen begraben.

Ein Stück der Haut meines Daumens bleibt am vereisten Schloss kleben, als ich die Hintertür des Transporters für Candela öffne. Sie will unbedingt hineinklettern und ihre Kisten auf der Suche nach einem ganz bestimmten Astrologiebuch durchwühlen. Sie hatte einen Traum in der vergangenen Nacht. Irgendetwas von Teufeln auf einer Brücke. Eine *Botschaft*. Sie glaubt, dass wir Brücken meiden sollten.

»Candela, warum bringen wir es nicht jetzt hinter uns?«, frage ich beim Frühstück.

Sie schüttelt den Kopf.

Ich versuche, ihr zu erklären, dass auch New Mexico kein unbeflecktes Stück Erde ist, dass man manchmal mit ein bisschen Flexibilität weit kommt, aber sie hat das Unvermeidliche gesehen. Das ist über jede Diskussion erhaben. Und mir ist klar, dass sie wahrscheinlich einen Anfall bekommt, wenn ich sie bedränge und ich dann den ganzen Tag damit vergeuden werde, sie zu überreden, wieder in den Transporter zu steigen.

Dann sieht sie auf der Karte, dass 160 Kilometer flussabwärts eine Fähre nach Old Glory hinüber verkehrt, sodass wir gar keine Brücke überqueren müssen.

»160 Kilometer?« Mir rutscht das Herz in die Hosen.

Wir durchkreuzten die aufgeblähten, braunen Strudel aus Mark Twains Zeiten auf einer altertümlichen Fähre mit Eisenketten und mit im Deck eingelassenen Haken und Ringen. Candela war gut gelaunt, lehnte sich über die vordere Reling und plauderte mit der Besatzung. Ich saß angespannt im Transporter. Ich war mir nicht so sicher, wieweit die INS gehen würde, aber bildete mir ständig ein, Propeller von Hubschraubern zu hören. Ich war darauf gefasst, jeden Augenblick eine große Libelle zu erspähen, die mir über dem aufgewühlten Wasser entgegenschwirrt.

Wir fuhren nach Süden zur I-10, die uns in den südlichsten Winkel von New Mexico führen sollte. Das bedeutete, dass wir nicht mehr der ehemaligen Route 66 folgen mussten, eine unverhoffte Wendung, die Candelas Aufmerksamkeit erregte. »Natürlich«, gluckste sie. Das hatte ihr der Traum von den Dämonen sagen wollen: Hüte dich vor der 66. Die gehörte fast schon zum Inventar des Teufels, trotzdem hatte sie den Zusammenhang übersehen.

Auf den Ebenen von Texas wurde das Schneegestöber schlimmer. Ungestüme Windböen trieben die Schneeflocken wie Wasser über die Straße. Oft konnte man nicht einmal mehr den Straßenrand erkennen. Ich fuhr nur noch 40, 30.

Nach Lubbock ließ der Niederschlag etwas nach. Dann herrschte nur noch Frost. Die Ebenen wirkten sibirisch, kahl, verlassen. Der Himmel war eine blaugraue Wolkendecke, genauso flach wie das Land. Zwischen den beiden Decken, einer oben und einer unten, rollte unser kleiner Transporter dahin und rumpelte und taumelte wie der erste Lebensfunken am ersten Tag der Schöpfung.

Wir tankten alle vier Stunden auf. In den Midlands war kein Auto auf der Straße außer einem Polizeiwagen, der mit voller Beleuchtung am Straßenrand entlangschlich. In Shawnee machten wir eine Pause, um zu Abend zu essen, und fuhren dann weiter durch die einsame Nacht. Candela rollte sich zusammen und schlief, an das Fenster gelehnt, überlegte es sich dann anders und legte ihren Kopf in meinen Schoß. Ich stellte das Radio leiser, lauschte den sanften, amerikanischen Stimmen, die das Führerhäuschen mit ihrem gespenstischen Gesäusel durchdrangen und die über das Gesundheitswesen und Domino-Pizzas 5-Millionen-Dollar-Schadensersatzklage gegen CBS diskutierten. Ich hatte von beidem noch nichts gehört, was für mich lediglich bedeutete, dass es gut um die Nation bestellt war.

Wir durchquerten die Einöde und die Dunkelheit, die erste Nacht der Schöpfung: nichts außer Erde und Himmel, eine Welt, die ihre Bestimmung erst noch erkennen muss.

Zurück zum Büro der Einwanderungsbehörde: Unser Beamter telefoniert, verdreht die Augen und erkundigt sich: »Was soll das heißen, sie sind Ihnen entwischt? Der Verkehr schleicht mit 15 Kilometer in der Stunde über die Mississippi-Brücke und ...«

Die gemütliche Tennessee-Stimme am anderen Ende erwidert: »Mr. Einwanderungsbehörde, wir hatten letzte Nacht einen halben Meter Neuschnee, die ge-sam-te Brücke ist vereist und, ob Sie's glauben oder nicht, Ihr Trans-por-ter ist nicht unsere einzige Sorge.«

Der Beamte legt auf und wählt eine andere Nummer. Er sieht müde und deprimiert aus und reißt ein Päckchen Rolaid-Magentabletten auf.

Zuweilen tauchte das sternenförmige Licht eines großen Lastwagens weit, weit hinter uns im Rückspiegel auf. Er folgte uns vielleicht eine halbe Stunde, kam allmählich näher, fuhr langsam auf gleiche Höhe auf und dann mit funkelnden Lichterketten vorbei, um sacht in der Ferne zu entschwinden. Auf der gegenüberliegenden Seite fuhren grüppchenweise Lastwagen, die wie Faschingszüge mit Girlanden geschmückt waren.

Um fünf Uhr morgens bogen wir nach El Paso ab. Ich hielt an einem Dorfgasthaus, um zu frühstücken (Ich habe noch nie ein Dorfgasthaus gesehen, das diesen Namen weniger verdient hätte). Ich wählte Eier und Hackbraten nach Bauernart. Candela aß Pfannkuchen mit Sirup. Es waren noch 30 Kilometer bis zur Staatsgrenze. Dieses Frühstück war ein Festschmaus. Ich glaubte nicht daran, dass uns jetzt noch irgendetwas aufhalten konnte. Und damit hatte ich Recht. Selbst als die Grenzstreife jeden auf der Autobahn herauswinkte, um die Papiere zu überprüfen, schielte der Grenzsoldat nur kurz in unser Führerhäuschen und winkte uns dann durch.

Die Sonne ging über dem weitläufigsten Land auf, das ich jemals zuvor erblickt hatte: kilometerlange Wüstenstreifen, die von vollendeten Bergketten in Miniaturausgabe durchbrochen wurden, welche sich vor uns ausbreiteten wie auf einer dieser Reliefkarten aus Plastik. Wir bogen neben einer der Bergketten, die unebenmäßig wie eine Reihe schlechter Zähne war, von der Autobahn ab und fuhren in eine Stadt mit niedrigen Lehmhäusern.

Candela wusste, was zu tun war. Wir parkten auf einem Platz vor einer Lehmkirche. Sie nahm meine Hand und führte mich hinein. Wir zündeten eine Kerze von einem Regal mit roten Glasbehältern an, die dort mit frischem Docht bereitstanden, und stellten sie vor ein Bild, das Jesus Christus zeigte, der sich die Brust aufriss. Dieses Gemälde erinnerte mich an die Kunst in den Kirchen Osttschechiens. Ich dachte an die Bauern in meiner Heimat, und mich überkam eine Woge der Traurigkeit oder des Mitleids. Ich wünschte, ich könnte das einfache Volk meiner Heimat umarmen, Seite an Seite mit ihnen zum Gebet niederknien.

Genau das tat ich nun mit Candela. Candela sagt, sie sei spirituell, jedoch nicht religiös, aber schon hatte sie ihren Kopf geneigt und war auf die Knie gefallen. Ich tat es ihr nach. Ich bekam ihre Hand zu fassen, sie war kühl und zart. Wir küssten uns. Ihre Augen glänzten im Kerzenschein. Nie zuvor war ich in solch einer Stadt oder solch einer schlichten Lehmkirche gewesen. Ich war ein Neuankömmling in der Wüste. Es wollte mir nicht in den Kopf, dass auch dieser Ort ein Teil Amerikas war. In welchen Schwierigkeiten ich mich auch immer befunden haben mochte, ich war ihnen nun offensichtlich entkommen. Auf solch einem Flecken Erde kann einem nichts passieren.

Ich flüsterte Candela etwas zu. Meine Stimme klang dünn und kühl in der Dunkelheit.

Draußen im Morgenlicht auf dem Marktplatz sagte Candela: »Siehst du? Es war richtig zu warten, bis wir hierher gekommen sind.«

An der Kirchenmauer hingen drei Kreuze aus Kakteenholz, faserig und krumm. Ich stellte mir vor, wie einsame Heimstättensiedler in ihren Planwagen mit einer Kuh und einer Hacke das staubige Land nach dem Kaktus durchstreiften, der am aufrechtesten gewachsen war, und sich dann mit diesem Exemplar begnügen mussten. Wieder erfüllten mich Sehnsucht und Mitgefühl. Ich wollte mich zu Boden werfen und Candelas Füße mit Küssen bedecken.

Manchmal widerfährt bösen Menschen Gutes, manchmal ist es umgekehrt, und manche Menschen sind weder gut noch böse, sondern haben einfach Glück. An diesem Morgen wollte ich ganz Amerika in mein Herz schließen.

Viertel vor zehn im Bezirksgericht von Mesilla, ebenjenem Gebäude, in dem Pat Garrett Billy the Kid anklagte, erklärt ein Friedensrichter unser Pärchen zu Mann und Frau. Der Richter ist ein jung aussehender Mann mit Schnurrbart, der seine Sonnenbrille niemals abnimmt, nicht einmal um den Text von seinem Manuskripthalter abzulesen oder nach der kleinen Zeremonie die notwendigen Angaben in seinen Computer einzugeben.

Sie sieht wunderschön aus in ihrem Minikleid aus weißer Seide mit Gänseblumen im Haar, ihre Arme und Beine sind glatt und braun, und unser Mann hat sich endlich den Stoppelbart abrasiert und seinen besten Rollkragenpullover hervorgekramt.

Das Pärchen steht auf dem Marktplatz und küsst sich. Die Kamera schwenkt herum und gibt dabei den Blick auf ein Polizeiauto frei, das in einer Ecke parkt, das Polizeilicht blinkt vergebens: zu spät. Wir fahren nach oben, winden uns höher und höher (Hubschraubereinsatz), bis wir über die Lehmhäuser hinweg auf die sie umgebende Wüste blicken können. Noch höher, bis die kleine Stadt nur noch aus versprenkelten Dächern besteht, die inmitten dieser überwältigenden Landschaft in der Sonne glitzern.

Abspann.

Candela besaß tatsächlich ein Minikleid aus weißer Seide, aber sie kam nicht dazu, es zu tragen. Sie schaffte es lediglich, es in unserem Zimmer im Holiday Inn aufzuhängen. Und ihre Beine sahen an diesem Tag tatsächlich braun und sagenhaft aus – ihre hispanischen Gene fühlten sich heimisch in der Sonne von New Mexico. Und wir suchten auch das Bezirksgericht von Mesilla auf, um uns beim zuständigen Standesbeamten anzumelden. Er legte unsere Hochzeit auf den einzigen freien Termin am darauf folgenden Morgen. Er benötigte unsere Papiere, um uns im Computer einzutragen, und Candela zögerte, bevor sie ihm meinen Pass reichte. Ich hingegen zögerte keinen Augenblick, als ich unseren Aufenthaltsort in das Formular eintrug.

Sie holten mich im Hotel. Als der Standesbeamte unsere Namen in den Computer eingab, führte er sie auf unsere Spur.

Ich glaubte, dass das Zimmermädchen klopfe, und rief: »Später.« Das fanden sie gar nicht komisch. Es war ohnehin schon viel zu spät. Zwei Typen von der Einwanderungsbehörde in El Paso, ein paar Polizisten für den Notfall. Candela wünschte ihnen die Krätze an den Hals, verfiel dabei ins Spanische, das hatte ich selten bei ihr erlebt, und dann sogar ins Polnische, das hatte ich noch nie zuvor erlebt.

»Können wir, Werteste, der Kerl ist ein Illegaler«, sagten sie im Chor.

Sie heulte und weinte, als man mich durch die gekachelte Eingangshalle des Hotels hinaus zu den wartenden Polizeiautos abführte.

MacIntyre, bitte verzeihen Sie dieses verzweifelte und peinliche Gesuch, aber ich habe Ihre Adresse bei Paramount aufgehoben, da ich mir sicher war, dass wir eines Tages ein gemeinsames Projekt realisieren können. Nun ist der Zeitpunkt gekommen. Erinnern Sie sich an Ihr Versprechen, als wir zusammen an »Trübes Morgengrauen« in Prag gearbeitet haben? Einer meiner Kurzfilme? Nun, hier ist meine Idee. Eine »Pärchen-auf-der-Flucht«-Komödie. »Green Card-Scheinehe mit Hindernissen« trifft auf »Zerschossene Träume«. Sie haben gerade das Treatment gelesen. Mein Anwalt sagt, dass ich mit einem verbindlichen Auftrag durchaus eine Chance habe, aber er kann sie nur noch eine

Weile hinhalten. Ich weiß nicht, was aus Candela werden soll, wenn das hier nicht funktioniert.

Sie erreichen mich im Untersuchungsgefängnis von El Paso. Das zugegebenermaßen die meisten Wohnungen in meiner Heimat übertrifft. Ich kann Ihnen nicht sagen, was es für mich bedeutete, die amerikanische Wüste gesehen zu haben und zu wissen, dass hier wie in allen guten Road-movies etwas mit mir geschehen ist. Über diesem Ort hängt ein ganz besonderer Zauber – ich kann es sogar durch diese Mauern spüren.

Candela hat mir eine Kerze in einem Glasgefäß mit einem Bild des Heiligen Christophorus darauf gebracht. Ich lasse sie immer brennen und habe meinen Mitinsassen einge-schärft, die Flamme nie verlöschen zu lassen.

Bitte antworten Sie postwendend.

Deutsch von Christiane Wagler

Daren King
Heim Weh

Ich fühlte mich, als wäre ich tot gewesen und ins Leben zurückgeholt worden. Ich öffnete die Augen und sah im Dunkeln Michael, der sich über mich gebeugt hatte und mich schüttelte. Irgendetwas hatte ich geträumt, aber der Traum verblasste. Ich befand mich mitten in dieser Zwischenwelt, die nur dann existiert, wenn man plötzlich aus tiefem Schlaf erwacht, und wo man das Gefühl hat, es könne alles passieren, doch in Wirklichkeit passiert gar nichts. Ich versuchte, den Traum in meinem Gedächtnis zu behalten, aber die Bilder entschwanden schnell, und ich konnte sie nicht aufhalten.

Es war natürlich nicht wirklich wie der Tod, schließlich hatte ich geträumt, trotzdem war da das Gefühl, ins Leben zurückzukehren. Es gab drei Ebenen, ich erinnere mich noch genau daran: Unten war der Traum, der sich auflöste, darüber war ich und über mir Michael. Als er mich vom Bett hochzog, hatte ich einen Moment lang den Eindruck, über ihm befände sich noch eine weitere Ebene, von der ich jedoch niemals erahnen würde, was sich dort befand.

»Linda«, sagte er. »Wach auf.«

Ich nickte. Ich war zwar wach, aber mein Mund war so trocken, dass ich nicht sicher war, ob ich sprechen konnte.

»Komm schon, du Schlafmütze«, sagte er. »Zeit zum Aufstehen. Wir müssen los.«

»Wo müssen wir hin?«

»Weg«, sagte er. »Pack deine Sachen.« Er ließ meine

Hände los und ging quer durch das Zimmer zur Kommode. Schemenhaft sah ich den Umriss seines Körpers im Gegenlicht der rosafarbenen Lampe. Er zog die mittlere Schublade auf, nahm einen Stapel Kleidungsstücke heraus und stopfte sie in die lederne Reisetasche.

Ich kletterte aus dem Bett, ging zum großen Fenster und sah durch den Spalt zwischen den Vorhängen hinaus. Zu meinem Erstaunen war es gar nicht früh am Morgen, sondern spätnachmittags. Der ältere Herr von gegenüber versuchte gerade, rückwärts aus seiner Einfahrt zu gelangen, die durch den Sportwagen unseres Nachbarn blockiert war. Etwas weiter die Straße hinab kniete eine Frau auf dem Boden und jätete Unkraut im Rasen ihres Vorgartens.

Michael stand mit dem Rücken zu mir, als ich auf Zehenspitzen über den Gang schlich und die Tür zum Zimmer meiner Mutter öffnete. Sie war immer schlanker gewesen als ich, meine Mutter, doch obwohl sie immer gut aussah, stand es um ihre Gesundheit nie zum Besten. Die Haut unterhalb ihres Halses war rosig und fühlte sich warm an. Ich küsste sie ein letztes Mal und ging aus dem Zimmer.

Auf dem Weg zurück in mein Zimmer kehrten meine Gedanken zu dem Traum zurück, und ich fragte mich, was er wohl bedeuten mochte. Obwohl ich den Inhalt nicht mehr völlig parat hatte, erahnte ich doch etwas von seiner Bedeutung. Vielleicht war der Mord an meiner Mutter Wirklichkeit geworden – symbolisch oder tatsächlich –, und mein Freund war ihr Mörder. Ich habe keine Angst vor Michael, ich bin körperlich stärker als er und klarer im Kopf, dennoch zögerte ich, bevor ich ins Zimmer trat. Er stand auf meinem Holzstuhl und suchte oben auf dem Kleiderschrank nach irgendetwas.

»Was suchst du denn.«

»Bücher.«

»Was für Bücher.«

»Meine.« Er stieg vom Stuhl herunter und zog mich ins Zimmer hinein. »Zieh dich an«, sagte er. »Wir sehen besser zu, dass wir loskommen.« Er hatte sich bereits angezogen, schon bevor ich aufgewacht war. Ich trug immer noch das Nachthemd, in dem ich geschlafen hatte. Obwohl ich mich sowieso anziehen wollte, konnte ich mir von ihm nicht sagen lassen, was ich zu tun hätte. Zumindest nicht, bis er mir erklärte, was das alles sollte. Er zog eine Bluse aus der Reisetasche und warf sie mir zu. »Komm schon«, sagte er. »Die musst du noch bügeln.«

»Warum sollte ich.«

»Weil sie so beschissen aussieht.«

»Deswegen brauchst du nicht gleich ausfallend zu werden.«

»Linda, die ist total verknittert.«

»Deine Kritik wurde zur Kenntnis genommen«, sagte ich und versuchte, meiner Stimme einen drohenden Tonfall zu verleihen.

»Du könntest dich wenigstens anziehen«, sagte er. »Du hast zehn Minuten.«

»Und warum hab ich nur zehn Minuten?«

»Ich versuch bloß, dich zu motivieren«, sagte er und schaltete die Lampe aus. Einen Augenblick lang war das Zimmer dunkel, während er die Vorhänge aufzog. »Ich will bloß raus hier.«

»Und wieso.«

»Weil's hier einfach beschissen ist.«

»Das ist jetzt schon das zweite Mal«, sagte ich, drehte mich um und ging aus dem Zimmer.

»Wo gehst du hin.«

»Duschen.« Ich kam gerade noch die Treppe herunter, dann packte er mich am Arm. »Lass mich los.«

»Was ist schon das zweite Mal.«

»Du sollst mich loslassen«, sagte ich. »Ich dusche jetzt, ob du mich loslässt oder nicht. Also Hände weg, oder ich zieh dich mit in die Dusche und du wirst nass.«

»Ich will wissen, was schon das zweite Mal ist.«

»Das zweite Mal, dass du mit solchen Wörtern um dich wirfst«, sagte ich und schüttelte seinen Arm ab. »Jetzt hau ab, oder du kriegst einen Tritt zwischen die Beine.«

»Warum willst du jetzt duschen«, fragte er. »Dafür ist keine Zeit.«

»Ich hab jede Menge Zeit«, sagte ich. »Du bist es, der ausziehen will.«

»Wir können hier nicht bleiben«, sagte er. »Es macht mich krank.«

»Also mich macht's nicht krank.« Ich ging ins Badezimmer. Der Boden war kurz zuvor neu verlegt worden – passend zum Badezimmer oben –, und der Lack fühlte sich an meinen Fußsohlen klebrig an.

»Hier ist es einfach grauenhaft«, sagte Michael im Flur. »Schau dir bloß mal die scheiß Blumen an. Ich träum schon davon.« Er meinte damit die Tapeten. Meine Mutter hatte in allen Zimmern des Hauses Blumentapeten. »Sag ihr, sie soll sich richtige Blumen kaufen. Wenn sie unbedingt Blumen haben will.«

»Red nicht so über meine Mutter.«

»Sie hat Vasen, wo nichts drin ist, aber überall sind beschissene Blumen draufgemalt.«

Ich schlug die Tür zu und schob den Riegel vor. »Sorry, ich kann dich nicht verstehen.« Ich wusch mir das Gesicht, putzte die Zähne und war gerade dabei, mir die Haare zu kämmen, da hörte ich, wie er versuchte, die Tür zu öffnen.

»Gibt's da drin irgendwelche Blumen, Linda.«

»Ja«, sagte ich. Auf den grünen Fliesen an der Wand waren Blumen.

»Echte, mein ich.«

»Nein.«

»Dann setz endlich deinen Arsch in Bewegung, und wir verschwinden.«

Ich legte den Kamm zurück und lauschte an der Türe. Ich konnte Kindergeschrei hören, aber das kam von draußen. Michael war wieder nach oben gegangen. Als ich hinaufkam, riss er gerade meine Poster von der Wand.

»Was gefällt dir eigentlich an diesen ganzen bescheuerten Popgruppen?«

»Das sind keine Popgruppen, das sind Boygroups.« Ich

war damals achtzehn. Die Poster hatte ich ein paar Jahre vorher aufgehängt, als ich noch zur Schule ging.

»Und was soll das jetzt schon wieder werden?« Ich zupfte Hornhaut von meiner Ferse. Ich habe nie eine Feuchtigkeitscreme benutzt. Ich war immer der Ansicht, ich könnte meine Füße pflegen, indem ich wegmache, was mir nicht gefällt.

»Linda. Ich hab gefragt, was du da machst.«

»Außerdem gefallen sie mir gar nicht.«

»Was gefällt dir nicht.«

»Die Poster.« Ich sagte das, ohne aufzusehen. So benehme ich mich immer, wenn er ungeduldig wird. Ich saß auf der Bettkante, das rechte Bein über das linke Knie geschlagen. Er kam und stellte sich vor mich hin, aber ich sah an ihm vorbei an die Wand. Die Tapete war an den Stellen, wo ich die Poster aufgehängt hatte, weniger ausgeblichen, und die Mohnblüten leuchteten dort noch tiefrot.

»Jetzt hast du es nur noch schlimmer gemacht«, sagte ich. »Wenn du keine Blumen magst.«

»Ich mag echte Blumen«, sagte er. »Ich mag bloß keine Bilder.«

»Hast du deswegen meine Poster weggeworfen.«

»Ich hab sie nicht weggeworfen.« Sie lagen in einem Stapel auf dem Boden. Er trat mit seinem Fuß gegen den Stapel. »Hab gedacht, du möchtest sie vielleicht mitnehmen.«

»Ich komm nicht mit.«

»Warum nicht.«

»Schrei nicht so«, sagte ich. »Du weckst noch meine Mutter auf.« Dann fiel er auf die Knie, als wollte er mir einen Antrag machen, und fragte: »Warum kommst du nicht mit.«

Das hatte etwas Romantisches an sich. »Ich komm ja mit«, sagte ich, ohne ihn anzusehen. »Natürlich komm ich mit.«

»Gut.« Er stand auf, zog den Reißverschluss der Reisetasche zu und packte sie auf die Schulter. »Ich muss noch was am Auto machen. Zieh dir was an und pack deine Tasche. Du hast zwanzig Minuten.«

Wenn ich wirklich zwanzig Minuten Zeit hatte, dann verbrachte ich fünf davon ausgestreckt auf dem Bett und starrte an die Decke. Michael redete sehr laut, und ich genoss jetzt einfach nur die Stille. Ich fragte mich, warum sein Geschrei meine Mutter nicht aufgeweckt hatte. Vielleicht hatte er ihre Dosis erhöht. Sie hatte jahrelang unter Schlaflosigkeit gelitten, bis ich Michael getroffen hatte. Er arbeitete als Informatiker bei einem Pharmakonzern, stahl dort immer die Tabletten aus dem Lager und gab sie meiner Mutter. Es war gut zu wissen, dass sie endlich Ruhe fand, aber um diese Zeit am Nachmittag machte es mir Angst.

Ich ging in ihr Zimmer, zog die Vorhänge auf und öffnete das Fenster. Die Luft draußen war warm und frisch. Michael hatte das Auto in unserer Einfahrt geparkt und lag zusammengekauert auf dem Fahrersitz, weil er irgendetwas unter dem Armaturenbrett bastelte. Auf dem Rasen lag eine silbern-schwarze Matte mit Werkzeugen darauf. Vom Motor war bei geschlossenem Fenster nichts zu hören gewesen, aber jetzt, wo es offen stand, war das ganze Zimmer von seinem Geräusch erfüllt. Doch nicht einmal das weckte meine Mutter auf. Ich schloss das Fenster wieder und setzte mich neben sie auf das Bett.

Jemanden zum Schlafen zu bringen ist vielleicht so, als würde man ihn umbringen, aber nur ein Stück weit. Wenn es in dem Traum um Michael und meine Mutter gegangen war, dann sollte mich der Traum wohl warnen. Vielleicht sollte er mir sagen, dass ich meinem Freund nicht vertrauen kann. Träume sind voll von Symbolen, aber sie können auch trügerisch sein. Ein paar Jahre bevor das alles passierte, hatte meine Schwester geträumt, dass sie mit unserem kleinen Bruder kämpfte. Sie hatte erzählt, dass es ein Kampf auf Leben und Tod war und dass sie ihn beendete, indem sie unserem Bruder mit einer Sense den Kopf abschlug.

Ich sah mich um, sah die Sachen meiner Mutter an. Oben auf dem Nachtkästchen lagen lauter Armreife. Hinter der Tür stand eine Schneiderpuppe ohne Kopf, und darüber hing ein halbfertig genähtes Blumenkleid. Meine Mama bewegte ihren Arm. Ich strich die Bettdecke glatt und ging aus dem Zimmer.

Michael war grässlicher Laune, als ich ins Auto stieg.

»Du hast doch gesagt, du bügelst die Bluse.«

»Ich hab gesagt, dass deine Kritik zur Kenntnis genommen wurde.«

Er schüttelte den Kopf. »Sie sieht furchtbar aus.«

Die Bluse sah nicht furchtbar aus. Sie war weiß und hatte weiße Knöpfe. Den obersten Knopf hatte ich offen gelassen, sodass man mein Dekolleté sehen konnte. Egal, wie ich aussah, Michael sah noch schlimmer aus. Es war zu heiß für dunkle Kleidung, und trotzdem saß er da mit schwarzen Jeans und einem marineblauen Rollkragenpullover.

»In dem Aufzug kommst du nicht mit.«

»Ich will ja auch gar nicht mitkommen.« Ich hatte ja nur gesagt, dass ich mitkomme, damit er endlich Ruhe gab. Das hatte natürlich nicht funktioniert. Oft wird er noch wütender, wenn er bekommt, was er will.

»Weißt du was, du machst mehr Stress, als du wert bist.«

»Wenn du mir so kommst, geh ich gleich wieder zurück ins Haus.«

Er ließ den Motor an. »Du steigst nicht aus, bis ich's dir sage.«

Er löste die Handbremse und fuhr rückwärts auf die Straße hinaus. Als er einen anderen Gang einlegte, fiel sein Blick auf die Ledertasche auf meinem Schoß. Sie sah genauso aus wie die, die er gepackt hatte, nur ein wenig kleiner. Wir hatten sie als Set gekauft. »Was hast du da drin.«

»Nichts.«

Er zog sie auf seinen Schoß und öffnete – den Blick auf die Straße gerichtet – den Reißverschluss. »Wo sind deine Sachen.«

Ich zuckte mit den Schultern.

»Hab ich dir nicht gesagt, du sollst was zusammenpacken.« Er schlug mit der flachen Hand auf das Lenkrad. »Du bist doch kein Kind mehr, Linda. Alles muss ich dir sagen, und nicht mal dann machst du es.«

Wir waren jetzt auf der Hauptstraße, die um das Viertel herum führt, und fuhren mit etwa sechzig Sachen. Ich öffnete die Autotür. Manchmal muss man einfach Taten sprechen lassen.

»Ach, verdammte Scheiße.« Er stieg auf die Bremse und hielt auf dem Gras des Seitenstreifens an. »Okay. Raus.«

Ich blieb auf dem Beifahrersitz sitzen.

»Komm, hau ab.«

»Nein.«

Er öffnete wütend seine Tür und rannte um das Auto herum auf meine Seite. Er riss mir die leere Tasche aus den Händen und warf sie ins Gras. »Hau ab«, sagte er, »bevor ich dich rausschmeiße.«

Ich schnallte mich ab und stieg aus.

»Wenn du nicht mitkommen willst, dann lass es eben bleiben.«

»Ich will ja mitkommen.«

»Und warum machst du dann nicht, was ich dir sage, und packst die scheiß Tasche.« Michaels Problem ist, dass er nichts kapiert. Ich hatte die Tasche deswegen nicht gepackt, weil er es mir befohlen hatte. Das sagte ich ihm aber nicht, sondern benutzte eine Ausrede. »Du hast doch meine Sachen mit deinen eingepackt.«

»Nur ein paar Blusen und so Zeug«, sagte er. »Nichts Persönliches.« Wir sahen beide durch das Fenster, die große Ledertasche lag auf dem Rücksitz. Die Sonne schien hell auf die Scheibe, und man konnte nur mit Mühe hindurchsehen. »Was ist mit Schminke und Waschzeug. Und Unterwäsche. Wenn du glaubst, dass du meine Unterhosen anziehst, dann tickst du nicht mehr richtig.« Nun lächelte er. Ich lächelte auch. Man kann nicht lange sauer sein, wenn die Sonne scheint. »Okay«, sagte er. »Wir fahren zum Haus zurück. Dann kannst du nochmal reingehen und deine Sachen holen. Aber beeil dich. Ich krieg langsam einen Vorstadtkoller.«

Wenn man von oben aus dem Fenster sah, vom Zimmer meiner Mutter aus, wirkte Michaels Auto wie ein Spielzeug. Es war nicht mehr ganz neu, und wenn man genau hinschaute, konnte man das sehen. Die Beulen und Roststellen, den Staub auf dem Armaturenbrett und die kleinen Steinschläge auf der Windschutzscheibe. Als Michael in unser Stadtviertel zurückfuhr und das Auto zwischen dem Zaun des Nachbarn und dem Rasen meiner Mutter abstellte, wurde mir klar, dass es nicht in diese Gegend passte und warum er von hier wegmusste.

»Zehn Minuten«, sagte er, als wir ausstiegen. »Dann hauen wir ab.«

Im Haus war es genauso still wie vorhin, als ich gegangen war, deswegen vermutete ich, meine Mutter schliefe noch, aber ihre Tür stand offen, und sie war nicht in ihrem Zimmer. Die Bettdecke hatte auf der Oberseite kleine Falten, als wäre sie nicht aufgestanden, sondern durch die Matratze gesunken und unter dem Bett hervorgekrochen. Ich klopfte an die Badezimmertür. »Mama.« Ich wusste, dass sie nicht antworten würde. Das obere Badezimmer war ihr Bereich, wo sie nicht gestört werden wollte. Ich hörte Wasser laufen und wusste, dass sie drinnen war. Also wartete ich in meinem Zimmer.

»Linda«, fragte sie, als sie herauskam. »Was ist mit deinen Postern passiert.«

»Die sind weg«, sagte ich. »Ich fahre mit Michael fort. Urlaub.« Ich konnte ihr nicht die Wahrheit sagen. Sie hätte es nicht verstanden.

»Ach so.« Sie zog die Kordel ihres Bademantels fester. »Okay. Wenn du das willst.«

Ich zuckte mit den Schultern.

»Ich hoffe, das klappt mit euch. Denk dran, er ist älter als du.«

»Ich weiß«, sagte ich. »Er passt schon auf mich auf.«

»Weißt du, du bist nichts Besonderes.«

»Ich weiß schon.«

Sie ging in ihr Zimmer und schloss die Tür.

Deutsch von Johannes Hacker

Suhayl Saadi

Der Pier

Madonna von Montserrat,
Du bist so schwarz wie der Neumond,
Ich küsse dein Silber
Bitte, gewähre mir die Gnade, um die ich gebeten habe!

Dario aus Sannicandro

Es war so gut wie zu Ende, und sie brauchte etwas zu trinken.

Sie ging langsamer und blieb dann stehen. Sah kurz auf die Uhr: zwei Uhr nachmittags.

Vielleicht würde sie sich ein Eis kaufen. Es war noch genügend Zeit.

Im Alter von fünfunddreißig Jahren war Nargis am äußersten Ende Englands angekommen, dort, wo das Meer in das Land hineinschwappte. Sie fröstelte. Dann zog sie die Tasche so zurecht, dass der Gurt straffer um ihre rechte Schulter lag. Eine Allzwecktasche, innen gefüttert, doch mit einer Außenhaut aus weichem, schwarzem Leder. Sie hatte zusätzlich zum Plastikverschluss noch einen Reißverschluss, sodass alles im Innern der Tasche dunkel und wie in einem Kühlschrank aufgehoben war. Der Asphalt der Strandpromenade brannte durch die Sohlen ihrer Turnschuhe, sodass sie kaum beide Füße auf dem Boden halten konnte und zuerst auf den Außenkanten ihrer Sohlen wippte wie ein nervöses Schulmädchen. Aber nach einer Weile begann sie, das Gefühl ihrer Füße auf dem harten Boden zu genießen. Als hätte sie eigentlich gar keine Schuhe an. Als ginge sie auf nackter Haut.

Vierhundert Meilen durch blanke Dunkelheit, mit weit geöffneten Autofenstern. Die Nachtluft war durch das Blech hereingezischt. Rein, schwarz, kühl. Wie Barni.

Die Tasche hatte sie neben sich auf den Sitz gelegt. Für alle Fälle. Nun hätte sie die Wahl. Das Benzin war ihr ausgegangen, und sie war die letzten zehn Meilen gelaufen durch endlos weite Felder und Vorstädte. Am frühen Nachmittag hatte sie die Strandpromenade erreicht, und es wurde zusehends heißer. Alles war weiß und blau.

Die Zunge klebte ihr trocken am Gaumen. Die Hitze machte sie so müde wie die auf den Bänken und am Strand verstreuten Gestalten. In einer der Strandbuden hatte sie sich eine große, ovale Sonnenbrille und einen weißen Schlapphut gekauft. Der Hut war ihr zu groß, und sie musste ständig die Krempe aus dem Gesicht schieben. Sie spürte, wie die Sonne die Haut an ihren Beinen salzig braun verbrannte. Am liebsten hätte sie den Saum ihres Kleides weiter nach unten gezogen, aber das Kleid war natürlich nicht lang genug und wäre zerrissen, wie peinlich und dumm. Turnschuhe zum Blümchenkleid ... eine unglückliche Kombination, hätte ihre Mutter gesagt. Aber Nargis hatte ja noch nie das geringste Gefühl dafür gehabt, was zusammenpasste, weder bei Kleidern noch bei Männern. Sie selbst hatte das immer für eine ihrer Stärken gehalten. Und immerhin hatte sie es geschafft, einen Mann zu ergattern, wogegen ihre Mutter den ihren verloren hatte, vor langer Zeit. Jedenfalls war es zu spät, sich etwas überzuziehen; ihre Haut wurde bereits tiefbraun. Bis sie am Ende der Promenade ankäme, wäre sie vielleicht schon so schwarz wie der Tod. Ihr Körper glühte unter der dünnen Baumwolle. Sie sehnte sich nach einer kühlen Dusche. Sie atmete tief ein, aber die Luft war brennend und staubig, und sie musste husten. Ein schlanker, weißer Hai aus Metall glitt an ihr vorbei. Ein Streifenwagen. Sie hustete so heftig, dass sie sich zusammenkrümmte und ihr beinahe der Hut vom Kopf fiel.

Nargis nahm sich zusammen und schob den Hut wieder zurecht, dabei spürte sie die brennend weiße Baumwolle in ihren Händen. Sie ging zu einem Eisstand hinüber. Sie wünschte, sie könnte ihr Haar offen über die Schultern fallen lassen. Es erstaunte sie, wie heiß es hier an der Südgrenze Englands werden konnte. Sie blieb stehen und schloss die Augen. Versuchte, sich vorzustellen, sie wäre ganz woanders, irgendwo, wo sie noch nie zuvor gewesen war, in irgendeiner beinahe exotischen Gegend ...

Aber sie war nach wie vor in England. Diese Fetzen gequälter Konversation, der abgestandene Gestank nach Pissoirs und Frittiertem und die aufkeimende Verzweiflung. Sie öffnete die Augen, aber die Sonnenbrille war ihr herabgerutscht, sodass sie im grellen Licht fast nichts mehr sehen konnte. Sie hatte ihren Nasenrücken schon immer zu schmal gefunden und die Nasenflügel zu breit. Zu indisch. Sepiabraun, durch billige Plastikgläser gesehen. Die Strandpromenade mit ihrem Eisengeländer und den von roten und gelben Stiefmütterchen strotzenden Blumenkästen wirkte einfach perfekt, wie der Gehweg in einer Filmkulisse, wo ein Drehbuchautor alles bis ins kleinste Detail festgelegt hatte. Fast musste sie lachen. Für die reale Welt gab es kein Drehbuch. Barni glaubte nicht an Gott. Das hatte er ihr gleich erzählt, kaum dass sie sich kennen gelernt hatten. Früher einmal war er ein Parse gewesen und hatte das Feuer und die Götter verehrt. Aber das hatte er schon vor langer Zeit aufgegeben, und nun glaubte Barni nur an sich. Und an Geld. Es hatte sich so einleuchtend angehört. Sie sah ihn vor sich stehen, in Schwarz, mit einem entschlossenen Zug um den Mund und den ernsten, dunkelbraunen Augen. Seinem welligen Haar, das bis kurz über die geschwungenen Ohrmuscheln reichte. Er besaß die Würde eines älteren Mannes, aber den Körper eines Fünfundzwanzigjährigen. Er war wie Feuer, schneller als ein galoppierendes Pferd. Wenn sie bei Barni war, brannte sie.

Er hatte sich so angehört wie einer dieser indischen Psychologen, die vor ein paar Jahren der letzte Schrei gewesen waren. »Reine Einstellungssache«, hatte er gesagt. »Du kannst alles schaffen« ...

Aber das war eben nicht so einfach, wenn man Bürogehilfin im Hinterzimmer eines Kleinstadtjuweliers war. Ihre Mutter hatte früher hochfliegende Pläne für sie gehabt, bunt schillernde Seifenblasenträume, und es hatte Nargis ein Riesenvergnügen bereitet, im Laufe der Jahre einen nach dem anderen zerplatzen zu lassen. Sie war eine Spielverderberin. So viele Jahre, aber keine Spur von Veränderung.

Sie starrte hinauf in den Himmel, vermied es aber, direkt in die Sonne zu sehen.

Er hatte sich in ihren Gedanken eingenistet, sich immer mehr darin breit gemacht und schließlich den Himmel von einem Horizont zum andern ausgefüllt, von Northumbria bis zum Kanal. Und jetzt ließ sie die Sonnenstrahlen auf ihrer Haut spielen, und es kam ihr so vor, als ob Barni über den blauen Himmel tanzte. Sie sehnte sich danach, in seinem sonnenverbrannten indischen Gesicht zu versinken, und sie sehnte sich nach dem sanften Druck seiner Lippen, die so ganz anders waren als die der englischen Männer, die sie geküsst hatte. Andere Lippen, andere Lieder.

Die Blumenkästen an ihren Pfosten erinnerten sie an jene Strichmännchen, die sie früher immer gezeichnet hatte, Gehenkte. An Galgen. Ein falsches Wort, und schon zog sich die Schlinge noch ein Stückchen enger.

An der cremeweißen Metallfront des Eisstands klebten die Bilder verschiedener Eiskreationen wie anglokatholische Heiligenbildchen. Die Frau hinter der Theke war höflichaggressiv. Eine Empiresüchtige. Überhaupt wirkte die ganze Stadt wie eine Kulisse für die Militärklamotte *Dad's*

Army. Unterwegs hatte sie Plakate für Musicals gesehen, die beinahe an die Aushänge auf einem Anschlagbrett aus dem Zweiten Weltkrieg erinnerten.

Sie beschloss, dass der fade Vanillegeschmack zu sehr mit der falschen Art von Träumen belastet wäre. Selbst wenn sie seit Northumberland gestern Abend nichts mehr gegessen hatte, musste sie einen klaren Kopf behalten. Einen messerscharfen Verstand. Nein, am besten war Wasser. Es lief einfach durch und barg keinerlei Geheimnisse. Es ließ einen funktionieren. Und sie musste jetzt vor allem handeln und nicht einfach nur nachdenken. Sie hatte schon genug nachgedacht. Fünfunddreißig Jahre lang da oben an dem Ort, den sie Grenzland nannten. Hügel, Wälder, ein mörderischer Wind. Kieselrauputz und Krimskramsläden. Wanderwege für Touristen durch gezähmte Wälder. Im Wald hatten sie auch die ganze Sache ausgeheckt. Alles ihre Idee. Die Verschwörung zweier Liebender. Später hatte er zwar behauptet, es sei eigentlich seine Idee gewesen, aber sie beide wussten, dass das nicht stimmte. Sie lächelte, als sie plötzlich einen stechenden Schmerz fühlte und dann den Geschmack von Blut. Ihre Lippen waren aufgesprungen. Sie leckte das Blut ab, fasste in die Kühltruhe und zog eine Zweiliterflasche Mineralwasser heraus. Wenn sie französisches Mineralwasser trank, kam sie sich fast vor wie in Frankreich. Man musste bloß ein Stückchen schwimmen. Sie lachte. Was die Engländer nicht alles träumten. Ihre Brust war nass geworden. Sie sah an sich herab und merkte, dass sie mit ihrem Kleid an den Gummi und an das Metall am Rand der Kühltruhe gekommen war. Der geblümte Stoff war hauchdünn, und sobald er nass wurde, klebte er an ihr wie eine zweite Haut. Er hatte ihr das Kleid um Ostern herum gekauft, und sie hatte es auf einen besonderen hölzernen Kleiderbügel in ihren Schrank gehängt, in dessen Lack die Aufschrift NETHYBRIDGE HOTEL eingraviert war. Eines der vielen Hotels, in denen sie im Laufe der Monate gewesen waren.

Das Gesicht der Eisverkäuferin war lang, rot und verbraucht, und sie wirkte jetzt gereizt und ungeduldig. Sie hielt die Hand auf und sprach schnell.

Zwei Pfund neunundvierzig.

Ihre Finger waren plump und rau, die Nägel kaputt. Alte Kriege oder der ewige Abwasch.

Nargis fing an herumzukramen und verfluchte im Stillen, dass die Tasche so vollgestopft war, aber sie hatte gestern einfach das Erstbeste nehmen müssen, was sie finden konnte. Es war ja nicht so, als hätte sie alle Zeit der Welt gehabt. Und schließlich bedeuteten die kühlen Innereien der Tasche ihre Rettung.

Sie fand etwas Kleingeld und bezahlte die Frau mit Silbermünzen, auch wenn sie es nicht genau passend hatte.

Kaum hatte die Frau ihr Geld bekommen, wurde sie auf einmal ganz freundlich und machte ein paar Bemerkungen über das Wetter. Es kostete Nargis einige Mühe, nicht darauf einzugehen, nicht zu nicken oder zu lächeln. Man sollte sich später nicht an sie erinnern, sondern sie wollte sich wie gebrannte Umbra in der Leinwand dieses Tages verlieren. An einer Schnur hing ein kleiner Spiegel mit einem roten Plastikrahmen wie in einem Bild von Dalí, und jedes Mal, wenn eine Brise aufkam, wirbelte der Spiegel herum, sodass Nargis für einen kurzen Augenblick ihr Bild sehen konnte: Wie ihre walnussbraunen Augen über den oberen Rand der modischen, ovalen Sonnenbrille funkelten, die sie auf der Nase trug, den weißen Schlapphut, die etwas zu hohen, etwas zu mittelindischen Wangenknochen, und im nächsten Moment war nur noch ein grellblaues Logo zu sehen:

BUY BRITISH.

Sie hielt den Spiegel fest und brachte ihr Haar in Ordnung, steckte die Haarsträhnen unter den Hut. Dann ließ sie ihn wieder los, und der Spiegel begann wieder zu rotieren, schneller und immer schneller, wobei ihr Gesicht und das Logo sich wie wahnsinnig abwechselten. Ein Schauer überlief sie. Ihre Mutter hatte einen Engländer geheiratet, ihren

Vater, und davor hatte die Mutter ihrer Mutter die ganze Familie von der verbrannten Erde Bhaarats fortgetragen, hinein in das Puppenhaus England. Ein Leben lang hatte Nargis den Briten alles abgekauft, aber jetzt war es endlich so weit, dass sie es ihnen heimzahlen konnte. Sie empfand bei aller Erschöpfung eine plötzliche Hochstimmung. Sie fühlte sich großartig, und ihr Kopf wurde ganz leicht. Heute würde sie in der Luft tanzen. Es ging um viel mehr, als einfach nur davonzulaufen. Barni wäre stolz auf sie. All seine Wertvorstellungen waren amerikanisch. Indische Parsen, nach England verpflanzt, lebten nun schon in der dritten Generation hier, und doch hatte Barni sich immer noch weiter nach Westen geträumt, über den offenen Ozean hinaus. Barnis Lebensziel war es, »weiterzukommen, nicht stehen zu bleiben«. Manchmal hatte sie sich gefragt, was genau er eigentlich beim Weiterkommen überholen wollte. Und was wohl wäre, wenn sie erst einmal weitergekommen wären. Was dann? Sie würden immer so weitermachen müssen, um den anderen stets einen Schritt voraus zu sein. Immer in Bewegung, von einer Grenze zur nächsten. Ihr schauderte. Sie zog die Tasche an sich und spürte den Lederriemen auf dem Rücken. England war zu eng. Es war wie in einem dieser Albträume. Ganz egal, in welche Richtung man rannte, man stand doch immer wieder an derselben Küste. Mit der düsteren Nordsee, die heute tiefblau war, britisch-blau.

Sie saß am Rand der Balustrade. Die Bänke waren voll besetzt mit Veteranen. Stöcke, dicke Brillengläser und verzweifeltes Geschwätz. Sie biss den Plastikring unter dem Flaschenverschluss ab, schraubte die Flasche auf und trank. Das Wasser war kalt, es lief hinter ihren Brüsten in ihren Bauch, und plötzlich fühlte sich ihr Gesicht heißer an denn je. Sie setzte die Flasche ab, und ihr Blick blieb an den braunen Sandalen hängen, die eine der auf den Bänken gestrandeten Rentnerinnen anhatte. Die Füße waren abnorm verunstaltet, mit Zehen, die sich unnatürlich verdreht übereinander krümmten. Nargis überkam ein flaues Gefühl im Magen. Die Frau starrte durch ungetönte Brillengläser zurück. Vielleicht war die Frau damals in ihrer Armeeuniform der weiblichen Hilfstruppen in die Stadt gekommen, in einer Zeit, als alles noch schwarz und braun gewesen war, und hatte mit ihrem längst verstorbenen Geliebten zwischen dem Stacheldraht auf den unteren Etagen des Piers geschlafen. Vielleicht waren sie barfuß durch den dunklen Sand gelaufen. Und am Himmel hatten sich die Lichtkegel der Flakscheinwerfer gekreuzt, und Sirenen heulten durch die Nacht, und inmitten dieser großen Abnormität hatte es ein winziges Stück Normalität gegeben. Vielleicht trug die Bank ja den Namen ihres Geliebten. Vielleicht hatten sie nie geheiratet und in jener für immer verlorenen Zeit ihre einzige Zuflucht gefunden. Wie diese alten Grandhotels mit den dick cremefarben oder weiß gestrichenen Wänden und den verwitterten Namen in großen Goldlettern an der Fassade: The Charleston, The Grand Lawrence, The Rochester. Das Essen ein einziger Fraß, die Besitzer ausnahmslos weiß und die einzige Musik Swing, aus den Vierzigern. Grauer Kaffee mit kalter Milch aus Zinnbechern. Metall, aus dem Gewehre sind. Aber auch Nargis Mutter schwelgte schließlich in Erinnerungen an die verpassten Gelegenheiten ihrer zerbrochenen Ehe. Wir alle leben mit einem Bein in der Vergangenheit, dachte sie. Sie fragte sich, was ihre Mutter wohl von ihr halten mochte.

Nargis fühlte sich beklommen, als ob es zwischen Himmel und Erde nicht genug Luft gäbe. Sie wandte der Stadt den Rücken zu und versuchte, sich zum Meer hin umzudrehen, dem einzig sicheren Ort. Beim Umdrehen spürte sie, wie die Kohlensäure in ihrem Magen gluckerte. Ungefähr seit ihrem dreizehnten Lebensjahr war sie sich wie ein Trampel vorgekommen und schien immer an den falschen Stellen angesetzt zu haben. Aber ihre Beine waren ganz in Ordnung. Starke Beine, mit denen man leicht vierhundert Meilen weit hätte laufen können. Zu einer anderen Zeit hätte man erkannt, dass Nargis eine eigene Art von Schönheit besaß.

Sie spürte, wie der Saum des Kleids ihre Knie umspielte, und war nun froh, dass sie es angezogen hatte. Der Horizont schien sich an den Enden zu krümmen, und Nargis fand es seltsam, dass man sich je hatte vorstellen können, die Erde sei eine Scheibe. Die salzige Luft roch stechend und durchaus nicht unangenehm. Der Himmel war fast weiß.

Ihr war, als ob alles sich bewegte und doch stillstand, und sie merkte, wie ihre Gedanken allmählich in einem tiefen, summenden Klang versanken.

Sie blickte auf ihre Handflächen, auf die Handlinien, die sich mit Schweiß und Kondenswasser von der Plastikflasche füllten. Eine Mischung aus Heiß und Kalt. Wie Fieber, oder Wahnsinn. Vielleicht waren diese ganze letzte Nacht und der Tag nichts als ein böser Fiebertraum. Aber Träume schmerzten nicht, und ihr taten eindeutig die Füße weh. Ihr Blick wanderte über den steinigen Strand, auf dem sich die Badegäste offenbar ungeachtet der Steine ausstreckten. Es war das ewig gleiche Bild, die einsamen Ehemänner, denen ganz schwindlig wurde vor lauter Starren auf die Beine der Sekretärinnen, während ihre Ehefrauen Liebesromane lasen. Und auf den steinharten Stränden Englands davon träumten, dass ein strahlender Latinlover elegant aus den Seiten des Taschenbuches hervorgesprungen käme, um sie, nach einem wilden Intermezzo auf der Strandliege, für alle sonnige Zukunft auf Rosen zu betten.

Vielleicht würde Barni auf einem Motorrad angebraust kommen, eine auffordernde Kopfbewegung in ihre Richtung machen, und sie würden Gas geben in Richtung Süden, immer nach Süden.

Nargis lachte hell auf und war dann verlegen. Soweit sie wusste, hatte er gar kein Motorrad. Nur einen blauen Viertürer. Die Frau mit den verkrüppelten Füßen starrte immer noch zu ihr herüber. Nargis umklammerte den Hals der Wasserflasche.

Mein Gott, wie sie dieses Land verabscheute. Dieses England.

Sie stand auf und hielt schützend die Hand über die Augen. Weit weg, genau am Ende der Promenade, war ein langer, hölzerner Pier mit Gebäuden darauf, der weit ins Meer hinausreichte. Die Wände der Gebäude leuchteten weiß, während die Dächer in einem zarten Hellblau gestrichen waren. Die Zwiebeltürmchen, Kuppeln und verspielten gotischen Turmspitzen ragten in die Hitze hinauf, sodass das ganze Gebilde wie eine Fata Morgana über dem Pier zu schweben schien.

Je näher sie kam, desto intensiver wurde der Geruch nach Würmern und Fisch, und umso lieber wäre sie wieder auf dem Absatz umgekehrt. Sie spürte, wie die Leute heimlich über ihre Unbeholfenheit lachten, über ihre dunkle Hautfarbe. Es war das altbekannte Gefühl, das sie schon als Kind gehabt hatte, damals, als sie noch im Norden wohnten. Die tote Schlange in ihrem Innern. Sie hatte geglaubt, sie hätte das alles überwunden, als sie Barni kennen lernte. Damals vor sechs Monaten, eine Geschäftsreise mitten im Winter. Sie hatte sich so frei gefühlt. All die Dinge, die er ihr erzählte, all die Geschichten, die er spann. Schließlich war er Handlungsreisender. Sie hatte nie ganz verstanden, was genau er verkaufte, es schien ständig zu wechseln. So konnte es sein, dass er an einem Tag Glas anpries und am nächsten Tag Versicherungspolicen oder Hypotheken. Verpfändetes Leben. Das mochte sie so an ihm. Er war wie ein Bach im Winter, blieb nie lange genug an einem Ort, um zu erstarren. Und jetzt, mitten im Sommer, hatte der Bach sie ans Meer geführt. Aber sie war derselbe Mensch geblieben, heute wie gestern, oder sogar in der Nacht davor. Sechs Monate können ein Leben nicht verändern. Eine Sekunde vielleicht.

Sie hatten sich zufällig am Fuß des Piers getroffen, eines Abends, als sie nicht so recht wusste, was sie mit sich anfangen sollte. Ein freier Abend. Zu viele Brandys. Zu viel von dem gelben Feuerwasser. Na gut, es war eine kleine

Flucht weg von vergitterten Fenstern und Stahlsafes gewesen. Jahrelang hatte sie zugesehen, wie Gold in Papier verwandelt wurde, und nachdem sie das Papier angefasst hatte, hatte sie sich die Hände unter kochend heißen, spuckenden Wasserhähnen gewaschen. Metall und Stein. Sie durfte die Saphire, Smaragde, Rubine, Diamanten nicht berühren – sogar die blauen Zirkone und Amethyste waren für Nargis unerreichbar. Sie hatte von einer Frau gehört, die etwas mit einem reichen Typen aus Spanien angefangen hatte und mit ihm fortgegangen war, um im sonnigen Süden zu leben. Immer wenn Nargis an diese Frau dachte, keimte in ihren Gedanken eine Idee auf, die nach einer Weile jedes Mal so übermächtig wurde, dass sie glaubte, zerspringen zu müssen. Gott, wie exotisch war ihr da die Südküste im Januar erschienen.

Es war in einer windstillen, frostigen Nacht, und das Meer war so träge geworden wie ein uraltes Tier. Sie hatte sich unversehens am Ende des Piers wiedergefunden. Es musste gegen zwei, vielleicht drei Uhr morgens gewesen sein. Selbst die Möwen schliefen. Sie hörte die Wellen bedrohlich leise gegen die Pfosten schlagen, weit unten, und sie konnte beinahe den Atem des Tieres in ihrem Nacken spüren, als sie sich an einen der kühlen Holzpfosten lehnte und versuchte, sich eine Zigarette anzuzünden. Sie brauchte fünf Anläufe – entweder ihre Hand zitterte oder der Schwefel war feucht geworden –, und sie inhalierte den Rauch, ließ ihn tief in ihre Lunge eindringen, bevor sie ihn wieder in die schwarze, salzige Luft hinausstieß. Sieben oder acht Züge ... und ihre Kippe ging wieder aus. Sie fummelte herum und versuchte, sich eine neue anzuzünden.

Dann sah sie ihn. Er stand schon die ganze Zeit neben ihr. Zwischen ihr und dem Meer.

Es überraschte sie, dass es dort unten noch eine Plattform gab. Sie hatte geglaubt, dass man nicht mehr weiter nach unten konnte, ohne zu ertrinken. Seltsamerweise war sie nicht erschrocken. Vielleicht, so hatte sie später überlegt, hatte es nur am Alkohol gelegen. Doch nein, es war, als würde sie ihn von früher kennen. Er hatte ein schmales, dunkelbraunes Gesicht, beinahe das Gesicht eines Brahmanen, und er rauchte und trug lässig eine offene schwarze Bomberjacke. Komisch, dachte sie, vielleicht spürt er die Kälte nicht. Vielleicht hat er so wie ich eine Salamanderhaut.

Sie war zu ihm nach unten gegangen, dabei zog sie an ihrer Kippe, und sie hatten sich unterhalten, zwei Inder aus einer gemeinsamen vergangenen Welt, siebzig Jahre britisch und doch irgendwie Ausgestoßene in dieser Stadt mit ihren schrägen Zwangsvorstellungen. Stundenlang hatten sie geredet, und dann hatte sie die lange Linie seines Rückgrats abgetastet, das langsam nach unten glitt und sich hart gegen das verwitterte Holz des Piers presste. Und sie hatte sein schmales, dunkles Gesicht an ihrem gespürt, und so waren sie liegen geblieben, bis die Morgensonne das Meer erst orange und dann gelb färbte. Und dann hatten sie ihre Adressen ausgetauscht. Nein, da stimmte so nicht. Sie hatte ihm ihre Adresse gegeben. Er besaß keine. Er fuhr im ganzen Land herum. Wie ein schwarzer Hund, hatte er gescherzt, und sie hatte gelacht. Nicht ihr übliches, nervöses Kichern, sondern ein schallendes, herzliches Lachen, das vermutlich bis auf die andere Seite des Ärmelkanals zu hören gewesen war, in dem Land, das schließlich der nächste Nachbar zum Land ihrer Mütter war.

Danach hatten sie sich viele Male getroffen, meistens in verschiedenen Hotels der untersten Kategorie im Norden Englands. Von der Sorte, wo die Klientel Grau trug und puren Alkohol trank. Gerötete Gesichter. Aufgedunsen, vorzeitig gealtert. Und sie war ebenfalls zu einer Nichtsesshaften geworden und träumte ihre Träume im billigen Chintz der Hotelschlafzimmer. Irgendwo in ihrem Innern verachtete sie sich für ihre Unterwürfigkeit. Aber immerhin war ich es, dachte sie, die zu ihm hinuntergegangen ist, und ich habe mich vorgebeugt und seine Haut geküsst.

Seine Haut hatte kalt geschmeckt, nach Winter, nach Nacht. Aber mit der Zeit liebte sie seinen Geschmack, seinen Geruch. Wenn er so in seiner blauen Vertreterlimousine vorfuhr, schlug ihr Herz schneller, und wenn sie neben ihm lag, fühlte sie, wie etwas in ihr lebendig wurde, etwas Großes und Dunkles und lange Verleugnetes. Sie hatte ihm alles von sich erzählt. Dinge, die siebzig Jahre lang zurückgehalten worden waren. Sie strömten aus ihr heraus wie dickes, aufgestautes Blut, und dann begann sie, sich ganz leicht zu fühlen, wie jemand in einem Film. Ja, hatte Nargis gedacht, das muss Liebe sein.

Der Schmuckladen war von einem Konzern aufgekauft worden, der Personal abbaute. Zuerst war sie verzweifelt gewesen. Nicht, dass ihr der Job so am Herzen gelegen hätte, aber sie sehnte sich nach der unerreichbaren Nähe des Reichtums. Armbänder, Halsketten, Ringe. Halsbänder. Es war wie ein Reigen gewesen. Die Juwelen, das Gold, ihr Körper, Sinnlichkeit ... Papierscheine. Ein paar Tage lang hätte sie am liebsten Tabletten geschluckt. Aber Barni hatte sie an der Hand genommen und sie in den Wald geführt, und sie hatten sich geliebt und danach zusammen auf einem Bett aus totem Laub gelegen.

Als Nargis dann in den tiefen, schwarzen Nachthimmel schaute, tauchte zwischen zwei Bäumen der hellste Stern auf, den sie jemals gesehen hatte. Sein Licht breitete sich über ihren Körper, und sie hatte das Gefühl, in seinem kalten, weißen Feuer zu versinken. Dann ging ein weiterer Stern auf, und dann noch einer, und bald war der Himmel voller Sterne, und Nargis merkte, dass sie alle sehen konnte, ohne hinzuschauen. Während der sanfte nächtliche Wind ihre Haut kühlte, konnte sie durch die Äste der Bäume und zwischen den Blättern hindurchsehen. Alles konnte sie sehen. Sie wandte sich zu Barni, der neben ihr lag, und sie wusste, dass das Licht aus seinem Gesicht herausstrahlte.

Sie hatten ausgemacht, sich um drei Uhr zu treffen, unterhalb der Stelle, an der sie jetzt stand, am Fuß des Piers, wo das alte Holz vom Meer schwarz poliert war. Unten, ganz am Ende, wo die Wellen sich bewegten wie das Rückgrat riesiger Katzen. Sie hatte irgendwo gehört, dass der ganze Süden Englands, die ganze lang gestreckte Außenhaut dieser Küste, eigentlich schon im Kanal versank. Dass in ein paar hundert Jahren all das hier – die Verkaufsstände mit ihren billigen Sonnenbrillen, der Friedhof der gewidmeten Bänke, der orientalische Phantasiepier, die bröckelnden, weißen Küstenfelsen –, viele Faden, hunderte Meter tief unter der Wasseroberfläche liegen würde. Die Stelle, an der sie jetzt stand, würde es dann nicht mehr geben. Ihre Schuhe ließen das Holz hohl klingen. Die Tasche kam ihr auf einmal viel schwerer vor, und sie hängte sie vorsichtig über die andere Schulter. Plötzlich bekam sie Angst, ihr Inhalt könnte schmelzen, aber dann sagte sie sich, dass der Gedanke absurd war. Kein Mensch war hier draußen, bloß ab und zu ein Hobbyangler inmitten von einem Haufen Köderwürmer. Ein dickes Seil hing oben von einer Treppe herab. An em Seil war ein Schild befestigt. Große, rote Buchstaben auf einem schmutzig weißen Untergrund:

DANGER! KEEP OUT!

Nargis lief es eiskalt über den Rücken, aber dann ging es ihr gut. Sie mochte den Schauder, der von dem Gedanken verursacht wurde, dass sie ihm hier wieder begegnen würde, im Innersten der Holzkonstruktion, tief unten, dort, wo das Holz ein dunkles, modrig riechendes Grün angenommen hatte und wo eigentlich kein Mensch mehr hingehen sollte. Sie sah auf die Uhr. Zwei Uhr siebenundfünfzig. Ihre Augen fühlten sich müde an, trocken. Das Haar wehte ihr um die Hutkrempe. Der Angler hatte ihr den Rücken zugewandt und schaute gedankenverloren auf die Wellen. Sie glaubte, im Schatten eine Bewegung zu erkennen, eine schnelle Handbewegung vielleicht, oder das Flattern beim Hochklappen eines Jackenkragens, oder den Anflug eines Lächelns.

Vielleicht war er ja schon da. Wartete auf sie, so wie er es versprochen hatte.

Sie hatte nie den geringsten Zweifel daran gehabt, dass er auf sie warten würde. Schließlich hatte sie die Tasche.

Die schwerfälligen Klänge der Blasmusik wehten vom Pavillon an der Strandpromenade herüber. *The English Society of Military Bands* spielte sich langsam warm für den Nachmittagsauftritt. Männer mit roten Seitenstreifen am Hosenbein. Tressen aus falschem Gold. Marschierende Posaunen. Musikalische Mörder.

Draußen auf dem Meer bildeten sich Schaumkronen und erhoben sich wie eine Armee aufständischer indischer Sepoysoldaten, um dann unvermittelt wieder im Ozean zu verschwinden. Sie presste die Tasche fest an die Seite, stieg mit einer lässig-geschmeidigen Bewegung blitzschnell über das Absperrseil und ging die Metalltreppe zum Meer hinunter.

Je tiefer sie kam, desto dunkler wurde es in der Holzkonstruktion, und die Eisenstufen waren glitschig. Auf der Hälfte blieb sie stehen. Sie schob sich den Hut aus dem Gesicht und umklammerte das Geländer, aber Rostsplitter stachen sie so schmerzhaft in die Hand, dass sie sofort wieder losließ. Es war ganz still. Selbst das Meer war ruhig geworden. Sie untersuchte ihre Handfläche, konnte aber kaum die Umrisse ihrer Finger erkennen.

Vier Treppenfluchten, und sie war unten angekommen, auf der zwölf mal zwölf Meter großen Plattform, auf der sie sich zum ersten Mal begegnet waren. Ihr fiel ein, wie sie die Plattform mit Schritten abgemessen hatte, als wäre sie ein Kind. Sie hatten darüber gelacht, damals, an ihrem ersten Abend, und ihr Lachen hatte sich in Nebel verwandelt. Das Licht war grünlich trüb, und es roch nach Fischschuppen und Tang. Nur das regelmäßige Klatschen des Wassers gegen das Holz war zu hören, ein Puls, der gelegentlich und unberechenbar von seinem Rhythmus abwich.

74

Sie fand das irgendwie bedrohlich und konnte sich doch der Faszination dieser Dissonanz nicht entziehen.

Aber sie wollte jetzt, während sie auf ihn wartete, keine morbiden Gedanken aufkommen lassen. Sie versuchte, die Angelschnur zu erkennen, es gelang ihr aber nicht. Hier unten war es viel kälter, und Nargis merkte, dass sie sich wie gewohnt tiefer in den Mantel wickeln wollte, nur dass sie natürlich keinen Mantel anhatte. Stattdessen rutschte ihr die schwarze Tasche nach vorne auf den Bauch, und so stand sie einfach nur da, mit verschränkten Armen, und wartete. So wie er gewartet hatte, in jener Nacht mitten im tiefsten Winter. Er hatte am Holzpfosten am anderen Ende der Plattform gelehnt, und er hatte geraucht. Das war das Erste, was ihr aufgefallen war. Der Geruch von Zigaretten am Rand des Meeres. Aber dann war sie sich nicht mehr ganz sicher. Das Gedächtnis war eine böse Sache. Es spielte einem Streiche, wenn es um die zeitliche Abfolge ging. Man konnte seine Schritte nie zurückverfolgen. Das Balkengewirr des Piers verdunkelte ihre Sicht auf den Horizont, und alles, was sie erkennen konnte, war das Wasser unter ihr, fast schwarz, und weiter draußen, wo es allmählich in Silber überging. Das Glitzern in seinen Augen. Seine hohe, schmale indische Gestalt in der Dunkelheit des Piers. Feuer in seinem Gesicht. Er hatte gesagt, dass ein Schnellboot darauf warten würde, sie beide über das Meer nach Frankreich und von dort aus weiter nach Südamerika zu bringen, wo sie im pulsierenden Leben der Städte untertauchen konnten. Das war so weit weg wie irgend möglich von Krimskramsläden und Billighotels für Handlungsreisende. Das andere Ende der Welt. ›Os Mutantes‹, hatte er gesagt. Dabei glitzerte ein silberner Funke in seinen Augen, den sie als Zeichen unter Verschwörern gedeutet hatte, und sie hatte gelächelt, weil es ihr wie das reinste Wunder vorkam, dass er, ein Parse aus der Mitte Indiens über den Umweg über die Mitte Englands, sogar zwei Worte brasilianisches Portugiesisch sprechen konnte. ›Die Migranten‹.

Die Neue Welt. Sie hatte sich von tropischen Stränden umgeben gesehen, wie sie damals im Büro an der Wand gehangen hatten. Exotische Briefmarken, Papierdiktatoren. Alles verwandelte sich allmählich in Gold. Sie würde sich jetzt nicht länger im Grenzland, am äußersten seichten Rand abstrampeln müssen, ohne jede Chance, sich jemals richtig freizuschwimmen.

Der Holzpfosten lag im Dunkeln, und Nargis hatte ohnehin ihre Kippen vergessen. Ihre Füße waren schwer. Deshalb ertranken auch die Seeleute, dachte sie. Ihr Körper machte einfach nicht mehr mit. Weigerte sich weiterzuleben. Sie ging einen Schritt weg vom Pfosten, bückte sich und streifte die Turnschuhe von den Füßen. Sie merkte, wie ihr dabei etwas aus der Tasche fiel.

Reflexartig fuhr ihre Hand an die Seite, in den Bauch der Tasche, aber es war zu spät. Etwas Silbernes rutschte ihr davon, fiel scheppernd durch die Planken und verschwand. Sie hörte es nicht auf dem Wasser aufschlagen. Voller Panik zerrte Nargis am Reißverschluss und klappte die Tasche auf. Sie durchwühlte sie. Sie wagte nicht, irgendetwas herauszuziehen. Es war zwar schwierig, aber sie schaffte es, alles nur durch Tasten zu überprüfen. Die beruhigende Kühle der Steine. Sie seufzte erleichtert und setzte sich steif in den Schneidersitz. Das Holz war rau unter ihrem dünnen Rock, und sie rutschte unbehaglich hin und her. Ihr Rücken schmerzte. Ihre Füße sahen uralt aus. Es war komisch, dass Füße immer zehn Jahre älter aussahen als der restliche Körper. Kein Wunder, dass die Alten früher ihre Sohlen hochgehalten hatten, um sich die Füße waschen zu lassen. Das viele Laufen ...

Weit draußen, wo das Meer eine scheckige graue Farbe annahm, glaubte Nargis etwas auf den Wellen auf und ab tanzen zu sehen. Es leuchtete im Sonnenlicht auf und trieb dann hinaus an eine Stelle hinter dem entferntesten Punkt, den sie gerade noch erkennen konnte.

Sie nahm den Hut ab und legte ihn neben sich. An der Baumwolle waren Blutflecken. Sie wischte das Blut nicht von ihrer Hand, sondern sah zu, wie sich der Blutstropfen langsam mit dem Rost des Geländers vermischte. Sie dachte daran, ihr Haar zu lösen, presste aber stattdessen die Tasche fest an ihre Brust, sodass sie ihren Herzschlag am schwarzen Leder spüren konnte. Sie zog die Knie an und beugte sich vor. Schmiegte das Kinn an den gepolsterten Rand. Fühlte das kühle Metall des Reißverschlusses am Kieferknochen. Sie ließ die Augen zufallen und fing an, sich sanft vor- und zurückzuwiegen, und in ihrem Kopf fühlte sie ein Summen, einen Puls im Einklang mit dem Rhythmus des Meeres. Der Geruch des Leders vermischte sich mit dem Fischgestank und mit dem Nachtschweiß, der noch an ihr klebte. Salz, in ihrem Mund. Unter der Tasche, tief unter ihren Füßen, beobachtete sie durch einen Spalt in den Planken, wie die dunklen Wellen an den Grundpfeilern des Piers hochzüngelten. Eine einzige Bewegung. Schwarz in Schwarz.

Und sie wartete auf sein Gesicht.

Deutsch von Birke Bossmann

Erica Wagner

Die empfohlenen Methoden

Wie man über eine Brücke kommt:
die empfohlene Methode

Vergiss nicht: Eine Brücke ist keine Straße. Du meinst, das
sei klar? Ganz gewiss nicht. Da fährst du, sagen wir mal an
einem Dienstagabend, mit dem Auto und kommst vielleicht
gerade von einem Abendessen für sieben Personen zurück
(nicht acht, weil irgendein Ehemann kurzerhand abgesagt
hat). Du hast dich vorgesehen und nur ein Glas Wein
getrunken – wegen des Autos –, aber an der Brücke, die du
gerade passierst, wird kein Brückenzoll kassiert, und während du so fährst, überlegst du dir noch immer, was die
Cousine deiner Gastgeberin wohl gemeint hat, als sie sagte:
»Nur ein Kind versteht die Einsamkeit seiner Eltern.«

Und so merkst du nicht, dass du dich auf einer Brücke
befindest. Die Mechanik deines Wagens ist gut geölt, die
Fenster sind ganz nach oben gekurbelt, und du segelst
über den Fluss dahin und weg von der Insel, ohne dir Gedanken darüber zu machen, was diese Wörter bedeuten:
Aufhängung, Spannung, Druck.

Aber in dieser Nacht weckt dich etwas auf. Du hast heiße
Füße und einen kalten Kopf. Du hörst keine Sirene, und
Hunde bellen auch nicht, aber deine Augenlider sind geöff-
net, und du betrachtest die Wand, die mit dem flirrenden
Licht einer Straßenlampe vergittert ist, das sich durch die

Jalousien fädelt. Warum ist dir nie zuvor aufgefallen, dass du direkt am Fuß dieser Brücke wohnst?

Schau nicht auf die Uhr. Es ist Mitternacht oder drei Uhr in der Früh. Versuche nicht, deine Gestalt im Garderobenspiegel zu erkennen, wenn du das Haus verlässt (du hast unpassende Socken an, vielleicht sogar unpassende Schuhe), weil du nie weißt, was du da zu sehen bekommst. Geh die Treppe hinunter und bleib mit deinen Füßen über jeder Stufe zwei Zentimeter in der Luft, und wenn du dann draußen bist, lass die blinden Steinarkaden rechts liegen.

Du begreifst, dass hier der feste Halt ist: Nun kannst du die Füße den Boden berühren lassen.

Eine schmale Treppe führt dich zu einem Steg, der sich über den Verkehr spannt, welcher unten – sogar zu dieser Stunde, wie spät es auch immer sein mag – vorbeifließt. Der Steg ist aus Holz. Setze einen Fuß vor den anderen. Geh auf einer geraden Linie.

Unter dem Fahrdamm, dem Steg, um die Füße der Pfeiler, fließt der Fluss, fast schwarz, doch streifig glänzend vom weißen Licht, das von der Brücke fällt. Du weißt, was zu tun ist.

Vier Stahltaue tragen den Brückenbogen. Jedes Tau besteht aus Drahtseilsträngen, die parallel verlegt und dann verknotet, verspannt, vernietet und verankert wurden. Wusstest du das? Als du mit der Handfläche das kalte Metall berührt hast, konntest du dich gleich an die Geschichte erinnern, die man dir einmal über eine Entscheidung erzählt hat, die durch Luft und über Wasser gefällt worden war, von Anfang an verfehlt (ein junger Mann mit weichem Filzhut an der Anlegestelle einer Fähre, in der Hand eine Zigarre, die gerade ausgeht, und plötzlich abgelenkt vom Gedanken an den Nacken seiner Frau, der leichten Höhlung unterhalb ihres Schulterblatts) bis in die Zukunft (wo du bald stehen wirst, auf der anderen Seite, und dich fragst, ob du jemals wieder zurückkehren kannst).

Mach vier Schritte auf die steinernen Pfeiler zu, deren Augen oder Münder dich vorwärts ziehen, und nun ist das große Tau auf der Höhe deiner Hüften, deines Ellbogens, deiner Schulter, deiner Nase. Niemand sitzt auf dieser Bank, die nicht angestrichen ist, oder auch auf der da drüben, aber halte nicht an: Geh weiter bis dorthin, wo dünnere Kabel – miteinander verzwirnte Drähte, die sich daran erinnern, dass sie einmal Seile waren – senkrecht auf den Brückenboden herunterstoßen.

Vorne sind Lichter zu sehen, und Lichter auch hinten, zwei Städte, oder eine, das ist egal, denn *nur ein Kind versteht die Einsamkeit seiner Eltern.* Ach ja, das alles war vor langer Zeit: die Eisenstangen, die dir den Zutritt zum Garten verwehrten, die dicke, heiße Luft, welche die weiße Glutasche anfachte, die unterhalb des Flussschlamms brannte, der Schmelztiegel mit der glühend flüssigen Zunge dieser Spule. Ein Pfeiler ist auf Fels gebaut, der andere auf Sand: Die Brücke besteht aus Glaube.

Nimm das Seil in deine Hände, das Metallseil. Deine Füße schmiegen sich in die Aufwärtskurve des Stegs, und dein Rückgrat spiegelt die Kurve des Taus. Das Seil läuft durch deine Haut, hinauf durch die Knöchelchen, die sich zwischen deinen Fingern fächern, durch dein Handgelenk, die beiden gebogenen Knochen deines Unterarms, dein Schlüsselbein, dein Brustbein, dein Herz. Was du mit den Händen erfasst, wird nun wärmer, die Hitze von Blut oder Milch, und die Atome, die die Haut vom Stahl trennen, vibrieren und lösen sich auf. Wer von euch beiden ist lebendig?

1.595 Fuß, sechs Zoll: die größte Spannweite. *Fünf Fuß, sechs Zoll: die Breite deiner Arme, weit ausgestreckt, von der Spitze des einen Mittelfingers zur Spitze des anderen.* 276 Fuß, sechs Zoll: die Höhe der Pfeiler. *Drei Jahre, zwei Monate, sieben Tage, drei Stunden und vierzehneinhalb Minuten: die Länge der Zeit, die du gebraucht hast, um zu verstehen, dass das, was verschwindet, es gar nicht tut.* 119 Fuß, drei Zoll: die lichte Höhe in der Mitte der Flussüberspannung über dem höchsten Wasserstand. *Sieben: dein Alter, als du zum ersten Mal einen Adler gesehen hast.* 23 Tonnen: das Gewicht jeder einzelnen Verankerungs-

platte. *Fünfundzwanzig: ein Viertel von allem, natürlich.* 15
³/₄ Zoll: der Durchmesser eines jeden der vier Haupttaue.
Einhundert und neunundzwanzig Stunden, vierzig Minu-
ten, zwölf Sekunden: Gesamtzahl der Stunden, in denen du
von Räumen träumen wirst, deren Wände an den Ecken
nicht zusammentreffen. Neunzehn Stränge in jedem Kabel;
jeder Strang besteht aus 5.434 Drähten; 3.515 Meilen
Draht in jedem Tau. *Siebenunddreißig: dein jetziges Alter.*
Aufhängung, Spannung, Druck. Es gibt keine Antworten;
es gibt nur Erwiderungen. Geh einfach weiter. Dies ist die
empfohlene Methode, wie man über eine Brücke kommt.

***

Selbstverteidigung:
die empfohlene Methode

Du hast die weiße Wand im Rücken: Es gibt keinen Ausweg
mehr für dich. Doch selbst mit den Fersen am Rande des
Abgrunds und einem Loch, das sich fast in deinem Herzen
aufgetan hat, hast du die Wahl. Du hast eine tausendstel
Sekunde, dich zu entscheiden; du hast tausend Jahre.
Nimm dir Zeit.
   Du kannst natürlich noch eine Wand aufbauen, eine aus
Holz, Ziegel oder Stein. Arbeite schnell, wenn du dich hier-
für entscheidest. Es tagt, wenn du anfängst, es ist Früh-
sommer; aus den Augenwinkeln kannst du die Windungen
des Dornenstrauchs sehen, die schmutzigen Rücken einer
Herde seelenruhiger Schafe. Du kannst auch die roten und
weißen Lichter sehen, die Augen der Autobahn, den Fluss
des Verkehrs, und du weißt, dass unter jenen Reisenden
eine sein könnte (mit einer zerrissenen Straßenkarte auf
dem Nebensitz; mit Knüppelschaltung und einem Kleiderbügel als Antenne), die – angesichts dieser Gestalt auf
einem Hügel, deiner Gestalt, die sich abhebt von dem
Schleier malvenfarbenen Lichts, von deiner Waffensamm-
lung an Werkzeug und Mörtel – ganz tief in ihrer Kehle

81

vielleicht ein Zucken des Wiedererkennens verspürt und die, obwohl sie weiter ihres Wegs und von dir wegfährt, trotzdem noch neben dir stünde mit von der Arbeit eingerissenen Fingernägeln.

Doch dir ist klar, dass, während deine Wand – aus Kiefernholz, Eichenbalken, Ziegelsteinen aus dem 18. Jahrhundert, die von Amsterdam aus in die Neue Welt verschifft worden waren, Kalkstein, Basalt, Schiefer – nach oben wächst, sie dich verlässt, und während die Sonne zum Zenith hinwandert, du alleine schwitzen wirst: Das Salz auf deinen Lippen, auf deiner Zunge, wird nicht einmal die Erinnerung an einen Kuss tragen. Du kannst noch eine Wand bauen, wenn dir danach verlangt.

Es gibt keinen Ausweg mehr für dich. Trotz Abgrund, Ferse, Rand, Bewusstseinsschwelle kannst du dich jetzt für den Rückzug entscheiden. Der Rückzug tut sich hinter dir auf wie die Erinnerung: eine Kette, aus einem einzigen grünen Zweig geschnitzt; ein gefallener Sperling aus Messing; die Blätter dieser Linde, eingekerkert im Innenhof, von denen du immer wusstest (aber erst hinterher, als es schon viel zu spät war), dass sie eigentlich die Namen waren (dein Name und der einer anderen Person), die du in der stickigen Nachtluft jenes kleinen Zimmers zurückgelassen hattest, in dem immer die drei roten Kerzen brannten. Das Mädchen mit den eingerissenen Fingernägeln wird dich hier nicht finden: Sie ist in der Zukunft verloren. Diese Leere, in der es weder Zeit noch Bewegung gibt, kann trotzdem genau ausgemessen und entweder chronologisch (siebzehn Jahre und einundvierzig Tage) oder räumlich (einhundert und sechsunddreißig Fuß) ausgedrückt werden. Sieh mal: Da stehst du am Strand, eingefangen im Kodakchromlicht, mit einem Häufchen Meeresglas und Quarz um deine Füße.

Geh weiter in diese Richtung, bis du den Druck der Bedrohung, die vor dir liegt, nicht mehr spüren kannst: Hier gibt es auf jeden Fall eine Art Sicherheit. Dreck auf weißen Stoffturnschuhen: der Geruch von Gummi und

Fäulnis. Vor dir tun sich nur Möglichkeiten auf. Nichts ist dir verwehrt. Noch kannst du es dir nicht vorstellen: dein Name, ausgestoßen von diesem anderen Mund, mit dem Hauch und Halt von Atem und Anspruch. Geh zurück. Nichts davon ist je geschehen. Rückzug ist die zweite Wahl.

Du kannst die Augen deines Gegners nicht sehen, obwohl sie von keiner Maske verdeckt werden. Du empfängst dieses Betrachten wie ein Geschenk, und – eine tausendstel Sekunde lang, tausend vorbeiziehende Jahre, mitten in dem engen Kreis, in den du deine Füße gestellt hast – du verstehst, dass dieses Geschenk an keinen Vorwurf gebunden und von Liebe befreit ist. Dieser singende Blick reißt dich zurück von der Wand und aus dem Nichts und legt das Gewicht in deine Hand, das dich vollkommen macht: deine Waffe.

Halte sie nur so leicht, dass du ihr Herz schlagen hörst. Ihre Atome aus Eisen und Kohlenstoff könnten einst deine gewesen sein: Lass dein Blut deinen Arm hinunterfließen, an den Enden deiner Finger vorbei und hinaus in den Stahl. Der Kreis aus blinder Kreide, der die Grenzen deiner Haltung umreißt, weitet sich nun, ebenso wie du, und jetzt kannst du sie wieder erkennen, obwohl sie immer noch wegfährt, eine Wüstenstraße entlang, die pfeilgerade durch das sich verdichtende Blau des Abends führt, weg von der abgewandten Rückseite des Monds und hin zu den Schnellen des Arroyos, der durch den Canyon fließt. Mit deinem Feind vor dir, kannst du dich immer noch in ihrem Kopf zusammenfalten und die heruntergefallenen Blätter ihrer Gedanken auflesen: Da ist er, blass und von Adern durchzogen, immer noch lebendig, der eine Gedanke, der deinen Namen trägt.

Was dich nun lenkt, ist weder Klinge noch Knochen. Sammle die Scherben ein und mache alles wieder heil: Der Sand des Strands verwandelt sich in helles, klares Glas unter deiner Hitze, und das Licht aus dem Zimmer mit den roten Kerzen bündelt sich zu einem glühend weißen Strahl. Das ist kein Angriff. Das ist Wurfbahn. Das ist Schwerkraft.

Das ist das eine Wort, das den Stift eines jeden Schlosses lockert, das Wort im Winkel deiner Seele und deiner Schulter, das Wort in der Verkantung deines geschmeidig-metallenen Handgelenks. Das Wasser läuft das Rückgrat des Canyons hinunter und folgt dem silbrigen Pfad, den es gewählt hat, und du – der du fließt und liebst, der du jetzt auf sie zuströmst, auf sie mit dem einen Blatt verzwirnt in ihrem Kupferhaar –, du musst es nun auch.

Fahre deine Waffe aus. Sie hat keine Grenzen. Der Rand des Abgrunds selbst zieht sich zurück, und die Leere füllt sich bis zum Überfluss. Dein Herz öffnet sich. Dies ist die empfohlene Methode zur Selbstverteidigung.

Deutsch von Christel Klink

Nicola Monaghan
Der Frauenschwängerer

Das Einzige, was Megan daran hasste, dass ihre Arbeit sie um die ganze Welt führte, waren die langen Trennungen von ihren Freunden und ihrer Familie. Sie arbeitete für eine Ölfirma und musste teilweise zwischen sechs Monaten und einem ganzen Jahr in Übersee verbringen. In sechs Monaten oder gar einem Jahr kann so viel geschehen. Ganze Schwangerschaften von der Empfängnis bis zur Geburt. Todesfälle, Hochzeiten. Man kann sich verlieben.

Sie war gerade in Ecuador, als sie erfahren hatte, dass Gayle schwanger war. Es war in einer ihrer freien Wochen, die sie genutzt hatte, um ein wenig herumzufahren. Sie hatte sich ein paar Tage in einem fantastischen Badekurort namens Baños entspannt, war den Mount Cotopaxi bis zum Basislager hinaufgestiegen und durch die Anden geritten. Dann kam der verzweifelte Anruf ihrer Freundin. »Ich bin schwanger und weiß nicht, was ich tun soll. Hilf mir.« Trotz der unverschämten Gebühren, die das Hotel für Gespräche nach Europa berechnete, hatte Mags zurückgerufen, mit Gayle gesprochen und versucht, ihr gute Ratschläge zu geben. Aber es gab keine einfache Lösung. Gayle war nur einen Monat lang mit Jack zusammen gewesen. Sie mochte ihn sehr, mehr als die meisten der Versager, mit denen sie vor ihm zusammen gewesen war, und er hatte sogar gelächelt, als sie ihm die Neuigkeit verkündete. Aber ihre Beziehung stand gerade erst am Anfang.

Zu dem Zeitpunkt, als Gayle eine Entscheidung getroffen

hatte und sich einer Abtreibung unterzog, arbeitete Mags bereits wieder. Ihr Quartier befand sich in Lago Agrio, einer schmierigen, kleinen Ölstadt am Rand des Amazonasbeckens. Der Name bedeutet so viel wie »Widerlicher See«, und Mags fand, dass die Stadt, die einem eiternden Pickel glich, diesen Namen auch verdiente, obwohl sie dort nie auch nur die Spur eines echten Sees gefunden hatte. Vielleicht war er vor Jahren trockengelegt worden. Lago war nicht unbedingt der geeignetste Ort, um einer Freundin zu helfen, die gerade ein Trauma durchlebte. Zu weit weg von der Zivilisation. Ein Telefonat nach England war eine teure und äußerst mühsame Angelegenheit. Sie hatte der Frau, die das Bordell führte, eine Menge sucre bezahlen müssen, um ihr Telefon, eines der wenigen in der Stadt, benützen zu dürfen. Dann war die Verbindung nach ungefähr acht Minuten, und noch dazu zu einem äußerst ungünstigen Zeitpunkt, unterbrochen worden. Gayle war gerade dabei, ihr etwas Wichtiges zu erzählen, als die Leitung plötzlich tot war. Mags wusste, dass es etwas Wichtiges gewesen sein musste, obwohl sie kein Wort von dem, was ihre Freundin sagte, verstanden hatte, weil Gayle so heftig geweint hatte.

Die Leute fragten Mags ständig, was sie über den Amazonas und über das Öl denke und ob sie sich wegen ihrer Arbeit schuldig fühle, aber die Wahrheit war, dass sie gar nichts fühlte, wenn es um dieses Thema ging. Sie wusste, dass das Abholzen falsch war, aber sie war davon überzeugt, dass ihre Firma die Bäume fällen würde, ganz gleich, ob sie nun für sie arbeitete oder nicht. Sie wusste, dass ihre persönliche Entscheidung keine Rolle spielte. Die einzige Sache, wegen der sie sich schlecht fühlte, war, dass sie in Situationen wie diesen nicht für ihre Freunde da sein konnte.

Als Mags einige Monate später endlich wieder zurück in London war, war Gayle ein anderer Mensch. Irgendwie verhärtet. Unweigerlich wieder Single. Der Dreckskerl hatte die Beziehung beendet, da er mit Gayles emotionaler Reaktion auf das, was passiert war, nicht zurechtkam. Dies ließ Mags in schallendes Gelächter ausbrechen, obwohl sie es überhaupt nicht lustig fand. Wie sollte eine Frau anders auf eine Abtreibung reagieren als emotional? Warum war es für Männer nur so einfach? »Geh ins Krankenhaus und lass das in Ordnung bringen«, heißt es dann, ganz nüchtern, als ob man sich eine Warze entfernen ließe. Aber du spürst ihn, diesen Funken Leben, der in dir wächst. Mags wusste das alles, weil sie es selbst schon einmal erlebt hatte, vor Jahren, als sie gerade einmal achtzehn war.

Mags traf sich mit ihrer Freundin auf einen Kaffee in der *City*, ganz in der Nähe der großen Investmentfirma, für die Gayle arbeitete. Ein hervorragender Job. Das war typisch für Gayle. Das Leben meinte es einfach gut mit ihr. Sie war erfolgreich, sah umwerfend aus, und man konnte eine Menge Spaß mit ihr haben. Zumindest war es früher so gewesen. Niemand konnte sich erklären, warum sie sich immer wieder auf diese Versager einließ. Als Mags so dasaß und ihre Freundin ansah, wurde sie immer trauriger. Eigentlich sah sie eher gebrochen als verhärtet aus. Als ob sie sich mit der Scheiße abgefunden hätte, die ihr das Leben immer wieder vor die Füße warf.

»Soll ich dir mal was sagen? Er hat gelächelt, er hat sogar gelächelt, als ich es ihm erzählt habe«, sagte Gayle. »Und er hat Witze darüber gemacht, dass das Baby später mal eine Brille tragen würde und so.«

»So ein Trottel«, sagte Mags.

»Aber das Schlimmste war ...«, Gayle atmete tief durch. Aber Mags fand nicht heraus, was das Schlimmste war, denn als ihre Freundin wieder zu sprechen begann, weinte sie dabei so heftig, dass es unmöglich war, auch nur ein Wort zu verstehen. Es war das Gleiche, was sie auch schon damals am Telefon, in dem Bordell in Lago Agrio, nicht hatte verstehen können. Diesmal konnte sie jedoch die Hand ihrer Freundin nehmen, sie drücken und sie dazu bringen, noch einmal ganz langsam von vorne anzufangen.

Das Schlimmste war anscheinend die Art der Abtreibung

gewesen, für die Gayle sich entschieden hatte. Eine frühe medikamentöse Schwangerschaftsunterbrechung hatten sie es genannt und es dabei so einfach klingen lassen. Man nimmt nur eine Tablette, und das Kind geht weg. Das hörte sich besser an als ein operativer Eingriff. Aber die Wahrheit war viel unappetitlicher, mit Unmengen von Blut und einem deformierten Fötus, den Gayle in die Toilette hatte fallen sehen. Sie würde für den Rest ihres Lebens von Albträumen geplagt werden. Mags umarmte ihre Freundin und ließ sie weinen. Ließ sie schluchzen. Drückte sie fest an sich, um die Geräusche, die sie machte, zu unterdrücken. Sie waren in einem Café in der Cannon Street, und einige Leute drehten sich bereits nach ihnen um. Ein Mann stieß sogar ein lautes »Tz!« aus. Mags fragte sich, warum es Männern so unangenehm war, Zeuge von Gefühlsausbrüchen zu werden, und warf dem Idioten den bösesten Blick zu, den sie zustande brachte, ohne ihre schluchzende Freundin dabei zu stören.

Fünf Minuten später hatte sich Gayle ausgeweint, trug frisches Make-up auf das gerötete Gesicht auf und betrachtete das Ergebnis in dem kleinen Spiegel ihrer Puderdose. »Und dann ging es auch noch um ein Auto«, erklärte sie Mags.

»Was?«

Es stellte sich heraus, dass dieser Jack einen Porsche bestellt hatte, einen gelben Boxster. Unter Frauen ist weithin bekannt, dass Männer solche Autos kaufen, weil sie auf irgendeine Weise unzulänglich sind, wenn auch nicht unbedingt im Genitalbereich. Sowohl Mags als auch Gayle, die beruflich mit wohlhabenden Männern zu tun hatten, wussten aber, dass sich nur die Allerschlimmsten einen gelben Porsche bestellten.

»Ich werde mich an ihm rächen. Ich fahre ihn zu Schrott oder so«, sagte Gayle.

»Wie?«, fragte Mags, die jetzt mit verschränkten Armen und gerunzelter Stirn dasaß.

»Ich werde noch einmal mit ihm schlafen.«

»Hör sofort auf damit«, sagte Mags und gab dem Kellner mit einer Geste zu verstehen, dass sie zahlen wollte. Du schläfst nicht noch einmal mit ihm.«

»Na gut, dann sage ich dir halt nichts mehr. Aber das ändert nichts daran. Ich werde mich so richtig an ihm rächen. Du wirst schon sehen.« Das war auch typisch für Gayle. Manchmal war sie einfach total verrückt.

Gayle schlief tatsächlich noch einmal mit Jack, wie Mags eine gute Woche später herausfand. Mags hätte in dieser Woche eigentlich in Inverness sein sollen, auf den Bohrinseln, die ihre Firma in der Nordsee betrieb, aber die Reise war im letzten Augenblick abgesagt worden, was ihr einen ungewöhnlich langen Landurlaub bescherte. Als Gayle anrief, war sie zur Abwechslung einmal zu Hause, und das war ein so gutes Gefühl, dass sie sogar mit dem Gedanken spielte zu kündigen. Doch der Anblick ihres Gehaltszettels genügte, um sie davon abzuhalten, die Kündigung auch nur aufzusetzen. Gayle erklärte, dass sie Jack noch einmal verführt habe, einzig und allein mit der Absicht, mitten in der Nacht aufzustehen und seinen Wagen zu stehlen. Die Sache sei aber nicht ganz planmäßig verlaufen.

»Hat er dich erwischt?«, fragte Mags und legte die Hand an die Kehle, während sie auf Gayles Antwort am anderen Ende der Leitung wartete.

»Viel besser«, antwortete Gayle, woraufhin Mags sich fragte, ob ihre Freundin überhaupt zuhöre. Sie wusste, dass es oft so lief, wenn Menschen in ihren Gefühlen verletzt waren, dass jedes Gespräch eher dazu da war, selbst etwas loszuwerden als zuzuhören, was der andere zu sagen hatte. »Ich habe etwas viel Besseres gefunden«, sagte Gayle.

Was sie gefunden hatte, war ein Stapel Briefe und ausgedruckte E-Mails von Frauen, mit denen Jack zusammen gewesen war. In allen Briefen ging es um das Gleiche. Sie waren alle schwanger geworden und wurden alle zu einer Abtreibung überredet. Jede hatte auf emotionale Weise reagiert, und er hatte dies jedes Mal als Vorwand benutzt, um die Beziehung zu beenden.

»Aber die Sache ist doch ganz offensichtlich die, dass er gar nicht aus diesem Grund Schluss macht, oder?« Mags hörte Gayle zu, fragte sich aber, was daran offensichtlich sein sollte. »Wenn sie erst einmal so verletzt sind, gibt es nichts Schlimmeres mehr, was er ihnen antun kann, verstehst du? Er ist böse. Er läuft herum und schwängert vorsätzlich Frauen.«

Das war Mags überhaupt nicht in den Sinn gekommen. »Wie kommst du darauf?«, fragte sie ihre Freundin.

»Also, hör zu, ich will jetzt nicht ins Detail gehen, aber sagen wir einfach mal, ich habe darüber nachgedacht, ob er versucht hat, mich zu schwängern. Ich sage nur so viel, er hat mich zweifellos in einige gefährliche Situationen gebracht, wenn du verstehst, was ich meine. Und dabei habe ich ihm schon ganz zu Anfang gesagt, dass ich nicht die Pille nehme.«

Mags wusste genau, was Gayle meinte. Sie hatte das auch schon einmal erlebt. »Was willst du jetzt machen?«, fragte sie Gayle.

»Ich weiß es noch nicht.«

Ein paar Wochen später ereignete sich der Anschlag auf das World Trade Center, und Mags durfte eine Zeit lang nicht fliegen. Es war eine sehr angenehme Abwechslung für sie, einmal am Boden festzusitzen. Sie hatte ganz vergessen, wie schön es war, jeden Tag die gleichen vier Wände zu sehen und an den Wochenenden zu ihrer Mutter fahren zu können, wenn sie es wollte. Dinge, die sie als selbstverständlich angesehen hatte, bevor sie den Job bei der Ölfirma annahm. Der Gehaltszettel sah nicht mehr so überzeugend aus wie sonst. Mags überlegte sich, welche Summe sie verlangen sollte, um all dies aufzugeben. Gayle rief wieder an, und sie trafen sich im Blue Note in Camden. Gayle hatte sich einen Plan ausgedacht, wie sie Mags am Telefon erklärte, wobei sich ihre Stimme vor Aufregung beinahe überschlug.

Sie setzten sich an einen Tisch in der Ecke, und Gayle ging los, um Getränke zu holen, aber nicht ohne ihre Freundin vorher zu warnen. »Er ist ein bisschen extrem, dieser Plan, und du spielst eine Rolle dabei.« Dann lief sie zur Bar und ließ Mags zurück, damit sie es sich durch den Kopf gehen lassen konnte. Als sie mit einer Flasche Weißwein in einem Kühler zurückkam, war Mags bereit. Wenn Gayle behauptete, dass ein Plan extrem sei, hatte das schon etwas zu heißen, und sie war ein bisschen beunruhigt darüber, was ihre Rolle dabei sein sollte. Gayle setzte sich und schenkte ihnen ein.

»Was soll ich machen?«, fragte Mags, nahm ihr Glas und trank einen großen Schluck.

»Okay. Würdest du mir zuhören, ohne mich zu unterbrechen?«

Mags runzelte die Stirn.

»Mags, das ist wichtig für mich.«

»Okay.«

Gayle holte tief Luft, dann trank sie einen Schluck, dann holte sie noch tiefer Luft. »Dir wird das, was ich jetzt vorschlage, nicht auf Anhieb gefallen, also hab ein bisschen Geduld mit mir. Okay. Mir ist bewusst geworden, dass Jack dich überhaupt nicht kennt und dass du ihm deshalb alles erzählen könntest, wenn er dir irgendwo in einer Bar begegnen würde und du ihm gefällst.« An diesem Punkt war Mags im Begriff, sie zu unterbrechen, aber Gayle drohte ihr mit dem Finger und erinnerte sie an ihr Versprechen.

»Du könntest es tun, verstehst du? Also, mit ihm schlafen, meine ich. Er ist sehr attraktiv und gut im Bett, also hätten wir beide etwas davon. Du könntest mit ihm schlafen und ihn anlügen und behaupten, dass du nicht verhütest, und dann vortäuschen, dass du schwanger wärst. Tu so, als ob du es behalten möchtest, und lass dir eine Zeit lang nichts anmerken, nur ein paar Monate oder so, damit er sich zu Tode erschreckt.« Mit einer schwungvollen Handbewegung trank Gayle noch einen großen Schluck Wein. »Dann könntest du ihm die Wahrheit sagen und ihm erklären, warum du es getan hast. Dass du weißt, was er den Frauen antut.«

Mags hörte sich mit offenem Mund an, was ihre Freundin vorschlug. »Es ist mir völlig egal, wie gut er aussieht oder was für ein toller Hengst er ist. Ich gehe doch nicht einfach mit fremden Männern ins Bett«, sagte sie. Jetzt runzelte Gayle die Stirn. »Na ja, jedenfalls nicht allzu oft«, fügte Mags hinzu.

Doch ein paar Gläser später kristallisierte sich das, was Mags anfangs für eine schlechte Idee gehalten hatte, langsam als guter Plan heraus. Der Wein hatte sie erwärmt und ihr Urteilsvermögen getrübt. Und sie war so wütend über das, was ihrer Freundin angetan worden war, dass sie auf der Stelle Rache nehmen wollte. Das einzige Problem war, dass sie die Pille tatsächlich nicht nahm. Ihre Periode war jedoch erst zwei Tage her, also war es kein großes Risiko. Eines, das sie – dank des Alkoholspiegels in ihrem Blut – bereit war einzugehen. Sie machten sich auf die Suche nach Jack.

Gayle war zwar erst vor zwei Monaten zum ersten Mal mit ihm ausgegangen, aber sie wusste, dass er ein Gewohnheitstier war. Sie war sich ziemlich sicher, dass er mit seinem Kumpel Tim gerade etwas trinken war; im Lord Palmerston in der Nähe der Haltestelle Tufnell Park, so wie an jedem Freitag Abend. Sie verließen das Blue Note, winkten ein Taxi herbei und kicherten bei dem Gedanken an den Spaß, den sie mit Gayles Ex-Freund haben würden und wie sie ihn für das Leid bezahlen lassen würden, das er Gayle und seinen vorherigen Freundinnen zugefügt hatte.

Als sie ankamen, regnete es in Strömen, und nur wenige Augenblicke nachdem sie das Taxi verlassen hatten, waren die beiden Frauen völlig durchnässt. Sie rannten kreischend in den Schutz des Pubs und steckten ihre Köpfe zur Tür hinein.

»Ich hatte Recht. Da ist er«, sagte Gayle. Sie zeigte auf zwei Männer, die mit dem Rücken zu den Frauen an der Bar saßen. »Der Blonde ist Tim, der andere Jack«, sagte sie. Mags konnte nur Jacks Hinterkopf sehen und daher nicht beurteilen, ob das gute Aussehen, das Gayle ihm attestiert hatte, auch ihrem Geschmack entsprach. Aber er hatte auf jeden Fall einen tollen Körper. Er war groß, aber nicht dürr, und sogar von hinten konnte sie sehen, dass er muskulöse Schenkel hatte. Sie fragte sich, ob er Rugby spiele, ermahnte sich aber sofort selbst. Es ging um Rache, nicht darum, mit dem Kerl Spaß im Bett zu haben.

Gayle lief zur hinteren Bar, wo sie sich verstecken konnte, bis der Regen nachließ. In diesem Moment hätte alles schief gehen können, wenn Jack sie gesehen hätte. Aber er versuchte gerade, den Barkeeper auf sich aufmerksam zu machen, und das erforderte seine ganze Konzentration. Das ist auch typisch für Männer, dachte Mags, dass sie nicht zwei Dinge gleichzeitig machen können. Dann fragte sie sich, ob das nicht vielleicht nur eine praktische Ausrede dafür ist, dass sie einfach zu sehr mit sich selbst beschäftigt sind. Ihr wurde bewusst, dass dies verbitterte Gedanken waren, aber das waren nun einmal die Dinge, die ihr durch den Kopf gingen, und daran konnte sie nichts ändern.

Mags schüttelte das Wasser aus ihren Haaren und bemühte sich, verführerisch zu denken. Sie war nicht unbedingt in der geeigneten Aufmachung, um jemanden zu verführen, klitschnass wie sie war. Eigentlich hätte sie versuchen sollen, sich abzutrocknen und frisches Make-up aufzulegen. Aber sie befürchtete, dass sie in den paar Minuten nüchtern werden und kalte Füße bekommen könnte. Da sie aber mittlerweile so fest entschlossen war, den Plan durchzuziehen, wollte sie das nicht riskieren. Sie ging so anmutig, wie ihr das in nassen Jeans gelang, auf die Bar zu und bestellte mit ihrer verführerischsten Stimme ein Glas Wein. Der Mann neben ihr, Jack, drehte sich zu ihr um, und sie warf ihm ein Lächeln zu, das dank ihrer strahlend weißen Zähne und dem Alkohol einfach umwerfend war.

Doch dann war das Lächeln plötzlich wie weggewischt. Jack war, wie sich herausstellte, ein Spitzname für John. John war ihr erster Freund gewesen, derjenige, der sie im letzten Schuljahr geschwängert hatte. Damals hatte er es zumindest nicht absichtlich gemacht. Das Kondom war gerissen. Sie hatten Pech gehabt, das war alles.

Sie überlegte, wie sie auf die Situation reagiert hatte, dass ihn das so dermaßen angetörnt hatte, dass er losgezogen war und seitdem absichtlich Frauen schwängerte. Er hatte damals genauso fertig gewirkt wie sie. Aber war danach etwas passiert, hatte er einen absurden Stolz auf seine Männlichkeit entwickelt? Ein Bedürfnis, dieselben starken Gefühle bei einer Frau noch einmal zu erleben, auch wenn es Kummer und Leid waren? Hatte er bei ihr Blut geleckt?

»John?«, fragte sie.

»Hey, kleine Maggie.«

Sie setzte ihr Lächeln wieder auf, schob die Mundwinkel nach oben und tat so, als ob sie sich freue, ihn zu sehen. Denn sie würde den Plan trotzdem durchziehen.

Deutsch von Michael Zigon

Tessa Hadley

Stellvertreter

Als ich zwanzig war, gar nicht so lange her, da habe ich
mich in einen meiner Dozenten am College verliebt. Ich
weiß, dass das nichts Ungewöhnliches ist. Ich weiß, dass es
die Dozenten beunruhigt und dass sie seufzen müssen,
wenn sie mitbekommen, dass wieder einmal ein Mädchen
und halbes Kind in sie verschossen ist und mit verträum-
tem Blick hinter ihnen hertapst, oder dass wieder einmal
die Ehe einer erwachsenen Studentin über Dostojewskij
oder Gegenwartsliteratur in die Brüche gegangen ist. Sie
sind besorgt und gleichzeitig alles andere, was man so
erwarten würde: geschmeichelt und bestätigt und ein bisschen angespornt.

Er hieß Patrick Hammett und hielt ein Seminar über
Shakespeare, eines über Lyrik des siebzehnten Jahrhunderts und eines in Literaturtheorie, und ich habe alle seine
Seminare belegt und ihn zum alleinigen Deuter meiner
ganzen Welt gemacht. Patrick war groß, mit ziemlich hän-
genden Schultern; er war spindeldürr, abgesehen von einem
kleinen, weichen Bierbauch, über den sich oberhalb des
Gürtels der gedehnte Stoff seines T-Shirts schmiegte. Er
hatte lange, dichte schwarze Haare, die er hinter die Ohren
strich. Zum Lesen setzte er eine Brille mit Goldrand auf,
aber beim Sprechen nahm er sie ab, ließ sie zwischen den
Fingern baumeln, und manchmal fiel sie ihm aus der Hand;
ohne die Brille sah man, dass er tief liegende, leicht zu-
sammengekniffene Augen hatte. In einer Menschenmenge,

in einer Disco, wäre er einem kaum als besonders gut aussehend aufgefallen. Aber im Seminarraum, wenn er mit uns im demokratischen Stuhlkreis saß, auf den er bestand, war sein Äußeres eine Macht, die ich körperlich spüren konnte wie Samt auf meiner Haut, wie Wärme in meinen Schenkeln und in meinem Bauch. Ich liebte die weißlichen Druckpunkte, die seine Brille neben dem Sattel seiner schmalen, gebogenen Nase hinterließ. Ich liebte die großen, ruhelosen Hände, mit denen er immer in der Luft herumwedelte und seine Worte mit unkontrollierten Gesten begleitete.

Natürlich hatte ich keine Chance bei ihm. Wer war ich schon? Niemand. Ich gehörte noch nicht einmal zu den Gescheitesten in seinen Kursen. Ich war aber auch keine ganz und gar durchschnittliche Studentin; mir war bewusst, dass ich eine ungewöhnliche Art hatte, die Dinge zu sehen, die manchmal zu interessanten Einsichten führte und manchmal alle nur verständnislos dreinblicken ließ. Patrick ermutigte mich. Einmal erinnerte er alle an etwas, was ich gesagt hatte – erinnert ihr euch an das, worauf Carla letzte Woche hingewiesen hat? Ein anderes Mal, nachdem ich eine Bemerkung über den freien Willen in *Viel Lärm um Nichts* gemacht hatte, sagte er: »Sehr schön ausgedrückt, Carla. Das hätte ich selbst nicht besser sagen können.« Darüber bin ich sehr glücklich gewesen, aber ich habe mir nichts vorgemacht: Ich gehörte nicht zu den Einserkandidatinnen. Wenn ich versuchte, meine Gedanken zu Papier zu bringen, verfing sich der Pfeil der Intuition, der mir eben noch klar und spitz zugeflogen war, in etwas Dunklem und Unbeholfenem.

Und wenn Patrick manchmal von meinem Scharfsinn überrascht war, dann hieß das nicht, dass er ein Auge auf mich geworfen hatte. Ich existierte nicht wirklich für ihn, nicht außerhalb des Stuhlkreises im Seminarraum.

Im Seminar über Gedichte des siebzehnten Jahrhunderts las er uns *Die Grabrede* von Henry King vor.

Verlornes Lieb!
Zu früh das Schicksal Dich ereilt'.
Seither mein Denken stets verweilt
Bei Dir, bei Dir: Du bist das Buch
Die Bibliothek, in der ich such –
Wenn auch fast blind.

Als Vorhut bist vorangestürmt
Ins Wagnis, vor der Zeit zu sterben,
Den Sieg im Tode zu erwerben
Vor mir, der doch an Jahren hat
Das Vorrecht auf dem Weg ins Grab.
Doch hör! Mein Puls, er trommelt sacht
Und meldet Dir: Ich komm, Gib acht!

Ich kann gar nicht richtig ausdrücken, welche Wirkung
dieses Gedicht damals auf mich hatte. Ich kann mich heute
nicht mehr erinnern, welche Jahreszeit es war, aber ich
weiß noch, dass im Seminarraum mitten am Tag die Neon-
lampen brannten, weil der Himmel draußen so dunkel war;
marineblaue Wolken drückten sich wie ein künstliches
Dach ganz nah an die Erde. Regenschwaden wurden gegen
das Fenster gepeitscht, und draußen auf der leicht ab-
schüssigen Weide (die Universitätsgebäude liegen rings um
ein altes Anwesen aus dem achtzehnten Jahrhundert, mitten
auf einem Gut, das vom Herzogtum Cornwall bewirtschaf-
tet wird) legten sich die Ochsen nicht hin, wie sie es angesichts des beginnenden Regens tun hätten sollen, sondern
drängten sich unruhig aneinander, stellten die Vorderhufe
auf den Zaun und bestiegen sich gegenseitig.

Wenn ich mir das Gedicht heute anschaue, dann sehe ich,
dass es die Wehklage eines viel älteren Mannes um seine
junge Frau ist, die ihm plötzlich vom Tod entrissen wurde,
und dass es den Glauben an die Auferstehung des Leibes
am Jüngsten Tag voraussetzt. Ich habe von so was nicht die
geringste Ahnung. Damals jedoch berührten mich die Worte
dieses Gedichts so tief und unmittelbar, dass sie durch meinen Körper zu mir sprachen, nicht nur durch meinen Ver-

stand. Ich konnte diese Trommel tatsächlich hören; die Trommelschläge kamen direkt aus dem Boden des Kursraumes und erschütterten mich durch die Fußsohlen hindurch. Ich gab eine dieser Bemerkungen von mir, die nicht gut ausgedrückt waren und denen niemand Beachtung schenkte. »Er sehnt sich nach ihr, und sie ist nicht da«, sagte ich. Es klang zu offensichtlich, als dass man es überhaupt erwähnen musste. Ich hätte gerne das Wort ›sexuell‹ gebraucht (wir waren darauf trainiert, überall sexuelle Wörter und Anspielungen zu sehen, und in diesem Fall lag ich ganz bestimmt richtig), aber ich konnte mich nicht überwinden, es als Erste zu sagen. Patrick wollte, dass wir über die Metapher des geliebten Objektes als Text diskutierten (»Du bist das Buch, die Bibliothek, in der ich such«). Für mich war das Gedicht Patrick. Die ganze, geballte Leidenschaft dieses Gedichts schrieb ich ihm zu. Für mich wurde es ein Synonym für den Puls seines Lebens, von dem ich ausgeschlossen war.

Er war nur sechs oder sieben Jahre älter als wir, aber mir kam es so vor, als ob sein Leben aus ganz anderem Holz geschnitzt sein musste als diejenigen, die ich kannte. Soweit wir wussten, war er nicht verheiratet und lebte mit niemandem zusammen. Irgendjemand sagte, er hätte mal eine Beziehung mit einer Studentin gehabt (das hatte eigentlich nicht vorzukommen). Deshalb hab ich mir auch keine größeren Hoffnungen gemacht. Wahrscheinlich war sie eine von den Gescheiten, die Einsen bekamen. Wahrscheinlich war sie hübsch. Mich selber hielt ich nicht für hübsch. Mit meinem Aussehen (ich bin klein, blond und habe Augen, wegen denen die anderen Kinder in der Schule mich Froschgesicht nannten) war es wie mit den seltsamen Sachen, die ich im Unterricht sagte. Gut an guten Tagen.

Ich hab ständig von ihm geträumt. Ich meine nicht die Träume im Schlaf, obwohl er auch in denen manchmal vorkam. Vielmehr verbrachte ich zu viele Stunden des Tages damit, mir Szenen auszudenken, in denen Patrick und ich uns irgendwie außerhalb des Kursraums trafen und sich unsere Beziehung von einer entfernten Bekanntschaft in leidenschaftliche *amour* verwandelte. Als Autorin und Regisseurin dieser Szenen in meinem Kopf war ich sehr anspruchsvoll. Nichts durfte darin geschehen, was auf absurde Weise unwahrscheinlich war oder nicht zu seinem Charakter passte. Zum Beispiel war es Patrick nie erlaubt, mir zu sagen, dass er mich schon immer geliebt habe und dass er von dem Augenblick an, da ich den Seminarraum betrat, von mir fasziniert gewesen sei. Er durfte am Anfang nicht mehr empfinden als wohlwollende Wertschätzung einer interessierten Studentin, den Impuls als Lehrer, meine weitere intellektuelle Entwicklung zu fördern. Allerhöchstens durfte er eine leichte Regung von Eitelkeit zeigen angesichts dessen, wie tiefgehend und ernsthaft meine Reaktion auf ihn war.

Innerhalb dieses vorgegebenen Rahmens konnte jedoch der Weg von der durchaus plausiblen Begegnung bis zu dem Moment, in dem er mich berührte, auf tausend verschiedene Arten zurückgelegt werden. (Niemals war ich es, die den ersten Schritt machte. Nicht einmal in meiner Phantasie wagte ich es, ihn zu berühren, weil ich Angst hatte, er würde mir einen Korb geben.) Er musste überrascht aus seiner anfänglichen Haltung neutraler Freundlichkeit heraus zu einer Reihe neuer Erkenntnisse kommen: ein heraufdämmerndes, beunruhigendes und ihn selbst überraschendes Verhältnis mit mir, eine Anziehung, die er sich rational möglicherweise nicht richtig erklären konnte. Dieser Prozess konnte auf unterschiedliche Weise in Gang kommen – das war alles, was ich mir an Extravaganzen erlaubte. Manchmal blieben wir durch Zufall irgendwo auf offener Strecke mit Motorschaden liegen, nachdem er mir ganz unverfänglich angeboten hatte, mich nach dem College nach Hause zu fahren. Oder wir steckten in einem fürchterlichen Sturm in einem Cottage fest, das Freunden von ihm gehörte (er wollte dort Bücher abholen, die er ihnen geliehen hatte). Oder er musste eines Nachts in meinem Zimmer Zuflucht suchen, nachdem er zusammengeschlagen und ausgeraubt worden war (er wusste nicht, wo ich wohnte; glücklicherweise kam ich auf dem Heimweg von der Arbeit vorbei, wenige Minuten nach dem Überfall).

Meine Lieblingsszene spielte sich an einem Ort ab, an dem ich, soweit ich weiß, nie wirklich gewesen bin. Ich stellte mir einen Pfad über eine grüne Wiese vor. Als echtes Stadtkind weiß ich nicht viel vom Land, aber ich bin natürlich dort gewesen. Es musste klar sein, wie genau wir dort hingekommen waren. Manchmal ergab es sich aus einer anderen Begegnung bei mir in der Nähe, bei der zum ersten Mal sein Interesse geweckt wurde. (»Wie wäre es, wenn du nächstes Wochenende auf einen Spaziergang vorbeikommst, dann zeig ich dir, wo Coleridge angeblich seinen *Ancient Mariner* angefangen hat?«) Oder wir waren mit einer ganzen Gruppe auf einem Collegeausflug, und während Patrick und ich uns unterhielten, verloren wir den Anschluss. (Schwierig, denn der einzige Ausflug, bei dem er je mitgefahren ist, war die Theaterfahrt nach Stratford.) Oder er gab mir den Auftrag, über die Ferien etwas für ihn zu recherchieren, und lud mich dann als Belohnung an einem besonders schönen Tag spontan aufs Land zum Essen ein.

Wir gehen also den grasbewachsenen Pfad entlang. Wir kommen zu einem Gatter, das zum dahinterliegenden Wald führt. An der Schwelle zum Wald verwandelt sich das Licht von strahlendem Sonnenschein in einen geheimnisvollen, gesprenkelten Halbschatten. Es raschelt im Laub, das den Waldboden bedeckt wie ein Teppich. Ich denke mir eine Stelle aus, an der ein Übergang stattfinden kann, an der mein Leben in seines eintritt, seins in meines. Das Gatter besteht aus altem, grauem Holz, das vom Regen silbrig gewaschen ist, es hängt schief an verrosteten Scharnieren. Er hält es auf, damit ich vorausgehen kann, oder ich klettere drüber, und er hilft mir herunter. Irgendetwas am Wechsel des Lichtes lässt uns innehalten und stehen bleiben; der

Wald mit seinen Baumstämmen wie Säulen und den ineinander verschlungenen Ästen gleicht einer Kathedrale. Er stützt mich noch immer, oder ich habe mich irgendwie an ihn gelehnt, als ich auf dem schmalen Pfad durch das Gatter gekommen bin. Durch den abgerissenen grauen Wollpullover, den er so oft trägt, spüre ich die Wärme seines Körpers.

Ich konnte die Geschichten nur bis zu diesem Übergang ordentlich aufrecht erhalten. Danach – sein Gesicht kam näher, er nahm mich in die Arme, Küssen, Aneinanderdrücken – brach die Erzählung ab und verlor ihren Zusammenhalt. Ich konnte mir allerhand vorstellen, was danach passierte, das schon, aber ohne klare Reihenfolge. Alles war ein halluziniertes Durcheinander. Immer wieder habe ich versucht, dieses Durcheinander zu entwirren und einer klaren Linie zu folgen. Ich bin zum Gatter zurückgekehrt, zu der Schwelle, zu dem Moment, zu der Bewegung, mit der er die Distanz zwischen uns überwunden hatte. Von dort aus habe ich noch einmal angefangen. Aber es half nichts. Jenseits dieses Punktes war die Erzählung wie ein Film in einer Endlosschleife, der sich ständig wiederholt. Mit der Zeit ziemlich ermüdend. Entmutigend. Weil da genau genommen überhaupt nichts war.

In meinem zweiten Jahr am College bin ich so knapp bei Kasse gewesen, dass ich drei Abende die Woche in einem Pub in der Stadt gearbeitet habe. Es muss mal eine schöne alte Kneipe gewesen sein, mit jeder Menge kleiner Räume, die auf verschiedenen Ebenen umeinander herumgruppiert waren, aber jetzt hatte man durchgebrochen und einen riesigen, höhlenartigen Raum geschaffen, düster und mit niedriger Decke. Der Boden hatte verwirrenderweise immer noch Stufen nach oben oder unten, mal ging man auf Steinfliesen, mal auf Holzdielen oder Teppich; Betrunkene oder Frauen mit hochhackigen Schuhen stolperten manchmal und verschütteten Bier. Spielautomaten, deren Lichter rubinrot oder smaragdgrün aufblitzten, standen an den

Wänden. Der Laden hatte nicht viel Atmosphäre. Wer auf sich hielt, ging in eine von den neuen Bars mit langen Holztischen und Edelstahltheke, in denen man auch essen konnte; oder in eines der alten, urigen Pubs, die ihre kleinen Räume behalten hatten und wo richtiges Bier vom Fass ausgeschenkt wurde. Zu uns kamen große Gruppen, weil bei uns in der Regel für alle Platz war. Und Männer, zum Fußballschauen auf den großen Bildschirmen; die Art von Männern, die kein Bedürfnis nach Pitabrot mit gebratenem Gemüse oder Bier vom Fass hat.

Ich hatte schon in besseren Pubs gearbeitet. Als ich noch zu Hause wohnte, hab ich in unserem Dorfpub bedient, wo manche Stammgäste erwarteten, dass man wusste, was sie trinken wollten, und dass man mit dem Zapfen ihres Bieres anfing, sobald sie zur Tür reinkamen. Mir machte die Anonymität in diesem hier nichts aus. Oft habe ich mit Aushilfen zusammengearbeitet, sodass ich nicht viel reden musste. Wenn nicht viel los war, nutzte ich die Zeit, um hinter der Bar Ordnung zu halten. Ich sorgte dafür, dass wir immer saubere Gläser und fertig aufgeschnittene Zitronenscheiben hatten; die Abtropftabletts wurden regelmäßig geleert, die Vitrinen aufgefüllt, sobald die Flaschen ausgingen; neue Weinflaschen geöffnet, der Eiseimer nachgefüllt. Während ich mich um das alles kümmerte, vergaß ich, dass ich eine Studentin war. Mich störte nicht einmal dieses spielerische Flirten zwischen Bedienungen und Gästen. Es führt zu nichts und soll es auch gar nicht. Nur ein kleines Ritual, damit alle glücklich sind.

Es kam selten vor, dass Leute aus dem College dort auftauchten, Studenten oder Dozenten. Doch eines Abends suchte ich den Wirt, weil ein Bierfass leer war, und als ich zurückkam, dachte ich für einen Augenblick, ich sähe Patrick. Jemand mit seiner langen, schlanken Statur und den gleichen dichten, schulterlangen Haaren stand mit dem Rücken zur Bar, ein Glas Bier in der Hand, und schaute hinauf zum Fußballspiel. Ich wollte eigentlich gar nicht, dass er es ist; dabei war das genau so ein plausibles Szenario, wie wir zusammenkommen könnten, das ich mir immer erträumt hatte. Aber in dem Moment fühlte ich nur Panik; ich hatte Angst, ich könnte meine zwei Rollen nicht unter einen Hut bringen, routinierte Bedienung einerseits und in ihn verschossene Studentin andererseits. Ich wusste nicht, was ich tun sollte, wenn er sich plötzlich umdrehen und mich erkennen würde. Wie auch immer, er war es nicht. Als sich der Typ schließlich umdrehte – er wollte noch ein Bier bestellen, weil wir last orders ausgerufen hatten –, war es nicht Patrick, obwohl er ziemlich ähnlich aussah. Ziemlich ähnlich und doch ganz anders. Er hatte nichts von Patricks spannungsgeladener Ausstrahlung. Er trug keine Brille. Aber er hatte die gleiche krumme Nase – sogar noch ausgeprägter – und die gleichen eng stehenden Augen, die zu sehen waren, wenn Patrick seine Brille abnahm.

Er bestellte ein Glas Stella, mit einfachem Akzent, anders als der gehobene Akzent Patricks. Als ich ihn anlächelte und irgendetwas über das Spiel sagte, wurde er rot; ich vermutete, dass er schüchtern und wahrscheinlich nicht besonders gescheit war. Er hätte sich gerne mit der Bedienung unterhalten, aber es fiel ihm nichts ein, was er zu mir sagen könnte. Und irgendwie machte mir das Spaß. Es war wie ein Spiel; ich konnte so tun, als würde ich mit Patrick reden, ohne mich ängstlich zu fragen, was er wohl von dem hält, was ich sage. Während ich ihm das Wechselgeld gab, redete ich weiter mit ihm, bis ich von einem anderen Gast gerufen wurde. Als er fünfzehn Minuten später sein Glas auf den Tresen stellte und ging, erkannte ich an der Art, wie er sich von mir verabschiedete, dass er sich das vorher überlegt und gehofft hatte, dass ich zu ihm rüberschauen würde.

Ich habe ihn schnell vergessen und nicht damit gerechnet, dass er jemals wiederkommen würde. Aber eine Woche später war er wieder da, und seitdem kam er regelmäßig. Er traf sich mit seinen Freunden, und ich glaube wirklich nicht, dass es wegen mir war; ich glaube, es war einfach eine Clique von Freunden, die sich regelmäßig trafen, und zwar zu der Zeit zufällig in unserem Pub. Jedenfalls erinnerte er sich an mich, hielt nach mir Ausschau, wenn er zur Tür reinkam, und wurde rot, wenn er von mir bedient wurde. Und dann fing etwas an, worüber ich heute noch entsetzt bin, wenn ich daran zurückdenke. Etwas, das ausschließlich von mir ausging. Über Bestellungen hinaus wäre es ihm nie in den Sinn gekommen, sich auch nur mit mir zu unterhalten, wenn nicht ich damit angefangen hätte. Es war offensichtlich, dass er sehr schüchtern war. Wenn wir miteinander plauderten, merkten seine Freunde das sofort und zogen ihn damit auf. Sie ließen jedes Mal ihn die nächste Runde holen, und dann pfiffen und lachten sie, um ihn anzufeuern.

»Na los, frag schon«, sagten sie und wollten, dass ich es höre.

»Schnauze«, war seine Antwort, und er tat mit rotem Gesicht, als sei er in den ersten Schluck Bier vertieft.

Jedes Mal, wenn ich ihn sah, war ich wieder erschrocken über seine Ähnlichkeit mit Patrick. Vom Aussehen her gibt es ja bestimmte Typen von Menschen, nicht wahr? Ich begegne manchmal jungen Frauen, bei denen mir sofort klar ist, dass sie zum gleichen Typ wie ich gehören: klein und rundlich, mit diesen Froschaugen und den schweren Lidern. Es gibt Blonde und Dunkelhaarige von uns, aber der Typ ist so unverwechselbar, als würden wir zur selben Unterart zählen. Ich weiß nicht so genau, wie das genetisch funktioniert. Haben diese Gruppen von Menschen einen gemeinsamen Vorfahren, in grauer Vorzeit? Oder ist es eine zufällige Zusammenstellung bestimmter Merkmale, die ein Muster von Ähnlichkeiten ergibt, wie beim Würfeln? Egal, äußerlich hinterließ dieser Mann den gleichen Gesamteindruck wie Patrick, obwohl es jede Menge einzelner Punkte gab, die nicht übereinstimmten. Alles an ihm war ein bisschen verschwommen, während Patrick eindeutig war. Seine Haut war rauer. Seine Haare waren nicht so schwarz und glatt, sondern dunkelbraun mit honigbrau-

nen, welligen Strähnen dazwischen. Patrick war etwas grö-
ßer. Seine Schultern waren aufrechter und muskulöser als
die von Patrick, als ob er körperlich arbeiten würde. Ich
habe ihn danach gefragt, und er sagte, er sei Gasinstallateur, was jetzt auch nicht so furchtbar körperlich ist, wovon
man aber vermutlich mehr Muskeln bekommt als von Vor-
lesungen über die Literatur der Frühen Neuzeit. Er hatte
den gleichen kleinen Bierbauch. Er hatte die gleichen
schmalen Hüften, an denen Jeans mit schwerem Gürtel
hingen. Ja, witzigerweise – wenn man bedenkt, wie ver-
schieden ihr Leben und ihre Persönlichkeiten waren – hatten sie sogar die gleichen Klamotten. Wahrscheinlich hatten sie beide herausgefunden, was gut zu ihnen passte.
Beide trugen Jeans und keine Hemden, sondern enge Pullover mit V-Ausschnitt. Beide trugen schwarze T-Shirts mit
diesen angeschnittenen Ärmeln.

Ich hab nicht einfach nur mit ihm geflirtet. Der Ausdruck, der mir dazu einfiel, war: ›zum Frontalangriff über-
gehen‹. Meine Großmutter hat mit dieser Formulierung ihr
Missfallen über das ausgedrückt, was gewisse Mädchen in
ihrer Jugendzeit getan hatten. Ich wusste, dass man darunter eine riskante und erniedrigende Strategie verstand, die
etwas Raubtierhaftes und Verzweifeltes im Begehren einer
Frau offenbarte. Es war jedenfalls nichts, was ich jemals
zuvor mit irgendwem angestellt hatte. Aber bei ihm habe
ich mich sicher gefühlt, weil es mir egal war. Es wäre mir
wirklich egal gewesen, wenn er nicht mehr ins Pub gekommen wäre und ich ihn nie wiedergesehen hätte. Insofern
war das Spiel für mich völlig ungefährlich. Immer wenn ich
nichts zu tun hatte, lag ich hinter der Bar auf der Lauer
und beobachtete ihn. Er saß oder stand mit seinen Kum-
peln herum, und früher oder später spürte er meinen
Blick, und sobald er herübersah, lächelte ich ihn an, mit
einem langen, schmachtenden Lächeln, und dann wurde er
rot und schaute wieder weg, seinerseits lächelnd. Wenn er
an den Tresen kam, sorgte ich dafür, dass ich seine Bestel-
lung entgegennahm, auch wenn eine andere Bedienung

gerade näher stand. Er gab mir einen aus, und anstatt mich zu bedanken und das Geld unter den Tresen zu legen, wie ich es normalerweise machte, schenkte ich mir einen Baccardi-Cola ein, stieß mit ihm an und fragte ihn, wie es ihm ging. Wenn ich ihm das Wechselgeld gab, sorgte ich dafür, dass unsere Hände sich berührten, und ließ meine Finger über seine gleiten. Ich glaube nicht, dass ihm so etwas je mit einer Frau passiert war. Damit will ich nicht sagen, dass er vollkommen unschuldig gewesen wäre. (War er nicht; in Wirklichkeit hatte seine Verlobte einige Monate zuvor mit ihm Schluss gemacht.) Aber er war es nicht gewohnt, dass eine Fremde ihm nachstellte.

Den Schock, dass er Patrick so ähnlich sah, habe ich nie ganz überwunden. Einerseits glaubte ich ganz gut einschätzen zu können, welche Art Mann er war, auf recht angenehme Weise langweilig. Ich wusste, dass er und seine Freunde den ganzen Abend über Autos und Fußball redeten und sich auf eine aggressive, mit den Füßen scharrende, aufbrausende Art gegenseitig aufzogen, die mich an die Jungs aus meiner Schulzeit erinnerte; und ab und zu fiel ihnen nichts mehr ein, dann saßen sie stumm da und tranken zwischendurch einen Schluck Bier. Andererseits ließ sein Äußeres in mir eine Verheißung aufblitzen, so als ob irgendwo in ihm Patricks Vorzüge eingeschlossen sein mussten und ich müsste nur den Schlüssel finden, um sie freizulassen.

Schließlich hatte ich ihn so weit, dass er gar nicht mehr anders konnte, als mich zu fragen, ob er mich nach der Arbeit nach Hause fahren sollte. Als er es tat, war ich ziemlich verlegen, als hätte ich das Spiel zu weit getrieben. Aber er wartete auf mich, während wir aufräumten, versicherte mir, dass er nur ein Bier getrunken habe und fahrtüchtig sei, und dann führte er mich stolz zu seinem Auto. Es war um die Ecke geparkt, und im Schein der Straßenlaternen funkelte es wie neu. Ich hoffte, dass er es nicht extra sauber gemacht hatte. Ich glaube, er konnte sich eher vorstellen, dass ich von seinem Auto beeindruckt sein würde als von ihm selbst, aber das war vergebliche Liebesmüh, ich konnte einen Autotyp nicht vom anderen unterscheiden. (War es ein Ford Focus? Könnte sein.) Während wir zu dem Haus fuhren, wo ich zusammen mit einigen anderen Studenten wohnte, wurden wir beide schüchtern, und ich stellte ihm nervös einige Fragen über seine Arbeit. Er erzählte, dass er einige Jahre für British Gas gearbeitet und dann mit einem anderen Typen eine eigene Firma aufgemacht hatte. Aus steuerlichen Gründen mussten sie die Firma vor kurzem in zwei Teilbereiche aufspalten, in einen für Warmwasser und Zentralheizungen und den anderen für die Gasinstallation, aber in der Praxis arbeiteten sie nach wie vor zusammen. Er erklärte mir das alles ziemlich ausführlich, und ich langweilte mich. Ich hoffte, dass wir keinen von den anderen treffen würden, wenn ich ihn auf einen Kaffee mit hinaufnahm, und wir hatten Glück.

Mir war es immer lieber, wenn er nichts sagte. Ich war erleichtert, dass er nicht viel redete und meistens schwieg. Vielleicht war er seinerseits erleichtert, dass mir das nichts ausmachte. Wenn er schwieg, konnte ich mich dem Geheimnis widmen, dem ich auf der Spur war. Ich erzählte ihm fast nichts über mich – was ich studierte, was ich las, was ich vorhatte. Ich erzählte ihm überhaupt kaum etwas. Ich schaltete die Lampe mit der rosa Glühbirne ein, sodass das Zimmer in weiches Licht getaucht war. Ich küsste ihn, berührte ihn, machte seine Klamotten auf – ich tat in allem den ersten Schritt. Ich glaube ehrlich gesagt nicht, dass es ihm so ganz recht war, wie schnell diese Dinge passierten. Ich glaube, er war ein netter Kerl, dem es lieber gewesen wäre, es etwas langsamer angehen zu lassen. Es wäre ihm lieber gewesen, wenn ich seine richtige Freundin geworden wäre. Aber er war trotz allem ein Mann, und er sagte nicht Nein. Vielleicht hat er sich hinterher ein wenig geschämt, ich weiß nicht mehr genau. Oder sich, was wahrscheinlicher ist, für mich geschämt. Ich kann mich nicht daran erinnern, dass er lange in meinem Zimmer geblieben wäre. Auch nicht daran, dass ich ihm zugeschaut hätte, während er sich anzog und ging. Soweit ich weiß, hat er mit seinem Bruder und noch einem Typen zusammengewohnt, aber ich bin nie dort gewesen.

Wir sind nicht ›miteinander gegangen‹. Wir haben nie irgendetwas zusammen gemacht, außer das Eine. Einige Monate lang, bis ich meinen Job im Pub gekündigt habe und über den Sommer nach Hause gefahren bin, haben wir das jede Woche gemacht. Natürlich habe ich mir die ganze Zeit vorgestellt, ich sei mit Patrick zusammen, es sei Patrick, der mit mir schlief; so viel steht fest. Allerdings war die Täuschung nie perfekt. Selbst im schwachen Licht der rosa Glühbirne, selbst wenn ich meine Augen halb zumachte und ihn nicht direkt ansah, selbst wenn ich in meinem Kopf die physische Realität unserer ineinander verschlungenen Körper mit einer meiner Geschichten über Patrick vermischte, so sickerte doch unweigerlich in mein Bewusstsein, dass das hier nicht Patrick war. Das hier war es nicht wirklich. Das hier war nur eine Inszenierung von Liebe aus zweiter Hand. Ich würde für immer von ihrer Realität ausgeschlossen sein. Ich würde nie zu dem durchdringen, was dahinterlag, jenseits der bloßen Zeichen unserer Körper.

Ich habe vergessen, seinen Namen zu erwähnen. Er hieß Dave.

Das ist alles erst wenige Jahre her, aber seitdem ist eine Menge passiert. Es war diese Zeit im Leben, in der eine Menge passiert; in der das Leben über entscheidende Übergänge hinwegschlittert wie ein Zug, der mit voller Geschwindigkeit über Weichen hinwegbraust. Während dieser Jahre fühlt es sich nicht unbedingt so an. Während dieser Jahre hat man manchmal das Gefühl, dass das Leben sich so verlangsamt, dass es still zu stehen scheint. Keine Langeweile gleicht der Langeweile mit zwanzig. Und dabei fliegt man in Wirklichkeit die ganze Zeit über in Windeseile einer Zukunft entgegen, über die ein paar zufällige Begegnungen oder Traumschnipsel längst schon entschieden haben.

Jedenfalls machte Patrick Hammet den ersten Schritt. Es ist kaum zu glauben, aber was er damals sagte, war tatsächlich so was wie »er hätte mich schon immer geliebt, er sei von dem Augenblick an von mir fasziniert gewesen, da ich den Seminarraum betrat«. Oder Worte in der Art. Was ja nur zeigt, wie wenig man sich auf einen kompromisslosen Realismus verlassen darf und dass sentimentale Phantasien den Tatsachen manchmal näher kommen. Ich wurde das, was ich mir zuvor unmöglich vorstellen konnte: Patricks Freundin, Patricks Frau. Wir mussten warten, bis ich nicht mehr seine Studentin war, bevor wir irgendjemandem davon erzählen konnten, und diese Monate waren die herrlichsten, die geheimen Monate, in denen ich in seinen Seminaren sitzen und an der Diskussion teilnehmen musste wie immer, so als ob zwischen uns nichts wäre.

Ich liebe Patrick wirklich, ich glaube, wir passen wirklich gut zusammen. Aber ich bin natürlich nicht mehr in ihn verknallt, und es ist eine gewisse Erleichterung, wenn das alles vorbei ist. Ich kann mir nichts Schrecklicheres vorstellen, als wenn man sich dazu entschließt (es ist ein Entschluss, oder nicht?), weiterhin in jemanden verknallt zu sein, mit dem man das Bad und die Zahnpasta teilt und dessen dreckverkrusteten, nicht richtig herum gewendeten Sockenknäuel man in die Waschmaschine stecken muss. Ich habe meine Meinung über seine Intelligenz und Ausdrucksfähigkeit kein bisschen geändert; darauf kann ich bauen. Aber mich stört dieser hastige Atemzug, kurz bevor irgendwelche gehorteten Informationen aus ihm heraussprudeln, und wie er Gespräche so lenkt, dass sich für ihn eine Gelegenheit bietet, über die Unwissenheit seines Gegenüber erstaunt zu sein. Wenn er in einem Streitgespräch nach Worten sucht, füllt er jede Lücke mit einem lauten »Äh«, damit niemand eine Chance hat, ihn mit einer anderen Sichtweise zu unterbrechen.

Manchmal muss ich an Dave denken. Ich habe Patrick nie von ihm erzählt, und ich bin ihm auch nie wieder begegnet. Einmal habe ich in den Gelben Seiten unter Gasinstallateuren nachgesehen und eine Firma gefunden, die seine gewesen sein könnte. Im normalen Telefonbuch konnte ich nicht nach ihm suchen, weil ich seinen Nachnamen gar nicht kannte. Wenn ich am Anfang an ihn dachte, war ich entsetzt über das, was ich getan hatte. Aber mit der Zeit hat mich der Gedanke an ihn mehr und mehr beschäftigt, wie ein ungelöstes Rätsel. Warum hat er sich so widerspruchslos, so fügsam, für meine Phantasien hergegeben? Wie hat er sich erklärt, was zwischen uns passiert ist? Ich versuche mich an Details unseres Liebesspiels zu erinnern, aber es gelingt mir nicht. Ich kann mir nicht richtig vorstellen, wie sein Körper ohne Kleidung ausgesehen hat. Natürlich kann ich mir Patricks Körper ansehen, um mir auf die Sprünge zu helfen; ich habe nicht vergessen, dass alles mit ihrer Ähnlichkeit anfing. Aber ihre Ähnlichkeit verstellt mir gewissermaßen nur den Weg, ich komme nicht daran vorbei zu den Unterschieden, die wirklich waren, ich weiß, dass sie wirklich waren. Ich kann kaum glauben, dass wir uns wieder und wieder heiß und nackt aneinander gepresst haben, und doch kenne ich ihn nicht. Es kommt mir vor, als ob ich irgendetwas verpasst hätte, weil ich mir die ganze Zeit nur gewünscht habe, er sei Patrick. Was hat er gefühlt, wenn er nichts gesagt hat?

Es gibt keine Entsprechung zwischen der Situation damals und der Situation heute. Ich bin ehrlich glücklich in meiner Ehe mit Patrick, und wenn ich morgen die Gelegenheit hätte, würde ich nicht einen Moment lang ernsthaft in Erwägung ziehen, mein Glück für einen Fremden zu riskieren, mit dem ich nichts gemeinsam habe. Der einzige Ort, an dem der kleine Hunger nach einer verpassten Gelegenheit überhaupt Ausdruck findet, sind meine Phantasien, die ganz von selbst entstehen, als ob ich nichts dagegen tun könnte. Kein Weg durchs Grüne, kein Gatter am Eingang zum Wald. Er ist natürlich Gasinstallateur. Er kommt, um den Boiler zu reparieren. (In Wirklichkeit, als der echte Boiler das letzte Mal kaputt war, hab ich bewusst British Gas genommen, um sicherzugehen, dass nicht er kommt.)

Zuerst tun wir so, als würden wir uns nicht wiedererkennen. Ich zeige ihm, was kaputt ist, und bleibe diskret in der Nähe, während er die Front des Boilers abnimmt und sich hinkauert, um hineinzusehen. Er bittet mich, ihm einen Schraubenschlüssel aus seiner Kiste zu geben. Ich glaube zwar nicht, dass ein Gasinstallateur das tatsächlich tun würde, aber es soll keine Routineangelegenheit sein, es soll ein Zeichen sein für das, was folgt. Als er mir den Schraubenschlüssel abnimmt, berührt er meine Hand, und weil seine Hände dreckig sind vom schwarzen Öl des Boilers, hinterlässt er einen schwarzen Fleck auf meiner Handfläche.

»Tut mir leid«, sagt er, nimmt noch einmal meine Hand und zieht einen Lumpen aus der Tasche, um sie abzuwischen.

Ich wünschte, er wäre nicht ausgerechnet Gasinstallateur. Es klingt zu sehr nach dem Anfang eines dieser komischen Pornofilme aus den Sechzigern, in denen der gelangweilten Hausfrau der Milchmann oder Postbote oder Kühlschrankreparateur serviert wird, inmitten all der Annehmlichkeiten ihrer eigenen Küche. Ich hab schon versucht, es mir anders vorzustellen, irgendwo draußen, aber ich habe nicht daran geglaubt, es hat keinen Bezug zu ihm, wie er wirklich war.

»Es muss dir nicht leid tun«, sage ich. »Mir sollte es leid tun.«

Nachdem er mit dem öligen Lumpen meine Hand abgewischt hat und auch seine, steht er auf und meint, dass es ein Problem mit meinem Regler gäbe. Er lässt meine Hand nicht los. Er macht einen Schritt auf mich zu, drängt mich gegen die offene Tür des Schranks mit dem Boiler und küsst mich. Er schmeckt nach Zigaretten (Patrick und ich rauchen nicht). Und dann wird mir klar, dass das, was wir zusammen getan haben, nicht spurlos an ihm vorübergegangen ist. Es hat ihn in sexueller Hinsicht ziemlich rücksichtslos werden lassen. Es spielt keine Rolle, dass er nichts sagt. Er hat gelernt, kühn durch den ganzen Schlamassel hindurchzudringen, das wir mit unserem Denken und Reden anrichten, hindurch bis zum Körper und der Wahrheit des Körpers.

Ich muss aufpassen, dass ich nicht daran glaube. Es ist nur ein Traum.

Deutsch von Richard Barth

Donal McLaughlin
Ohne zu wissen was wird

Irgendwann wachte ich auf: fuhr hoch; schoss mit den Fingern nach vorne, stracks in die Schüssel auf dem Tablett vor mir; mitten in die Hühnchenhaut, die ich übrig gelassen hatte. Drew, als ich guckte, saß noch da, auf der anderen Seite des Gangs. Hinter den Ausgängen vor uns schnarchten Leute, die auf derselben Insel gewesen waren; darunter auch der fünffache Vater, der sich besoffen übers Geländer gebeugt hatte, mit Kleinkind auf den Schultern und so weiter, während sich die langsame Schlange völlig übermüdet in Schüben ins Flugzeug drängte. Die Erinnerung, wie alle dem zollfreien Getröpfel ausgewichen waren, das diesem Typen aus der Tasche kam, und ich döste wieder ein.

Einige Zeit später der Signalton: »seat-belts for landing«, »doors to manual« und so weiter. Diesmal wachten wir beide auf, drehten uns einander zu und sahen uns an. Ich war nicht ganz da – sagte es auch. Drew nickte, grinste, sagte: »Tolle Nummer mit dem Hähnchen war das vorhin.«
»Hast gesehen, was?«
Er freute sich über das neue Futter und grinste schon wieder.
»Du hast deine Augen auch überall, du Sack.«
Er wollte gleich weiterblödeln und schoss mit den Fingern nach vorne, im selben Augenblick wie ich. Die Reste Hühnchenhaut waren aber schon weggeräumt.

Wir landeten. Schlimmster Winter des Jahrhunderts, die Polizei warnte davor, das Haus zu verlassen, wenn man nicht musste. Wir mussten. Drew fuhr; den langen Weg nach Norden, höchstmöglicher Gang, hoch konzentriert, Schneckentempo. Vor uns die Aussicht auf geplatzte Rohre und vermutlich völlig versiffte Wohnungen.

»Du alter Hühnchenschänder!«, fing er wieder an, einfach so, und lachte. Ich lachte mit, nahm hin, wie er iiihte und ääähte und sich die Finger abwischte.

Noch was, das er mitbekommen hatte, das wir teilten, dachte ich. Sein Lachen brach plötzlich aber ab; sein Blick prüfte mich, wartete auf eine Reaktion.

»Darf ich dir was sagen?«, fragte er.

Ich zögerte, bevor ich nickte, glaube ich.

»Ich muss dir was sagen«, sagte er.

Von Fuerteventura war die Rede, vom Abend des zweiten Weihnachtstages. Schellfischsuppe und Paella auf der Terrasse. Ich erinnerte mich gut. Auch an die Sängerin; den Typen am Keyboard, sein Eurovisions-Potpourri.

Jetzt war Drew dran mit Nicken, und ich sah, er wusste, er konnte weitererzählen.

»Also, in dieser Nacht wachte ich auf, musste pinkeln, und als ich zurückkam: Wie du dalagst – hättst sehen sollen.«

Er hielt inne, wollte sehen, wie ich reagiere.

»Jetzt spuck's schon aus, du Sack!«, lachte ich, als könnte mir nichts etwas anhaben. »Sag schon, was war denn mit mir?«

»Nicht mit dir, mit dem Kissen«, sagte er.

»Mit dem Kissen?«, fragte ich. Das schien dem Arschloch Spaß zu machen.

»Es lag nicht wirklich oben im Bett, eher unten.«

»Ach ne!«, stöhnte ich. »Ich fick das Kissen, und du Sack hast schön was zu gucken. Na lecker!«

Das war, was er wollte: Rache für die Party in Stirling, wo er völlig breit war und ich später meinte, er hätte mit Susie Fraser geknutscht.

Ich würde den Teufel tun und weiterreden, dachte ich. Den scheiß Gefallen tat ich ihm nicht. Er fasste mich aber an der Schulter und rüttelte.

»Nicht, was du jetzt denkst«, sagte er.

»Lass das, du, Hände ans Steuer!«, bellte ich und schüttelte ihn ab. »Besonders bei dem Wetter.«

»Ist doch überhaupt nichts Schlimmes, Mann«, sagte er. »Ist was Gutes. Spricht für dich. Deswegen wollt ich's dir sagen.«

»Jetzt reicht's, halt den scheiß Wagen an«, sagte ich. »Kurz und schmerzlos bitte – dir zuliebe. Fahr die Nächste ab und rück raus damit.«

»Und vergiss die Warnblinker nicht!«, fügte ich noch hinzu, als wir zum Halten kamen. So wie ich drauf war, würde er sie brauchen.

Was er erzählte, war großartig.

Ich lag wohl in Richtung Wand, die Decke ziemlich tief, weit runtergerutscht. Aber ihm ging es nur um das Kissen hinter mir: wo Claire sonst lag, bis vor sechs Monaten, wo sie seit dem dritten Semester gelegen hatte.

»Dafür das ganze Trara? Weil wir auseinander sind?«

»Ach was«, sagte er.

Den linken Arm hatte ich wohl nach hinten gestreckt und um das Kissen gelegt.

»Um sie«, wie Drew meinte. »Um Claire«, führte er aus, als ich ihn anguckte; ich konnte nicht fassen, was er da brachte. Da fährt man über Weihnachten zehn Tage mit diesem Arsch in Urlaub, und auf den letzten Metern vor der Haustür fängt er an, den verfickten Psychologen zu spielen?

»Auch sechs Monate später hab ich sie immer noch nicht vergessen. Willst du das sagen?«, fragte ich. »Das mit dem Kissenumarmen widerlegt also alles vom Pool und von der Wanderung über die Lava. Ist es das? Ich lieb sie nicht mehr, wenn du das meinst!«

»Ach Mann, das sag ich doch gar nicht. Das ist es nicht. Ich will bloß sagen: Ich hab dich da gesehen, und das Kissen, und mir wurde klar, was sie alles aufgegeben hat. Ich hab gesehen, wie viel Liebe du schenken kannst – und das sieht man in der Form sonst nicht, oder?«, setzte er schnell nach. Er merkte wohl, dass ich nicht wusste, wie ich das verstehen soll. »Ich wollte nur sagen: Was ich gesehen hab, bestätigt nur, was ich dir schon mal gesagt habe, dass du ein toller Kerl bist.«

Er beugte sich rüber, klopfte mir wieder auf die Schulter und sah mir in die Augen.

»Tja, *ihr* Pech.«

Verständlicherweise dachte ich, das war's dann, das Schlimmste ist geschafft, ich kann mich entspannen. Wo er aber gerade dabei war, erzählte er mir, ich würde schlafen wie in Slow Motion. Ich guckte ihn giftig an: Was war das jetzt wieder?

Die Erklärung war gar nicht so schlimm: Bevor er wieder eindöste, sah er mich noch auf den Rücken rollen. Das tat ich anscheinend Stück für Stück, Millimeter für Millimeter. Als würde mir jemand mit einer Fernbedienung gegenübersitzen und auf Standbild und Slow Motion drücken. »Ja, du zum Beispiel, du alte Sau!«, versuchte ich einzuwerfen, er war aber nicht zu stoppen. Zwischendurch, sagte er, hätte er gedacht, ich verliere das Gleichgewicht und kippe um. Sogar da bin ich aber wohl noch ganz allmählich auf den Rücken gerollt.

Als er mich so sah, wollte er wissen, ob er selber auch in Slow Motion schläft? Macht das jeder? »Komisch, ich glaube bei Sandra und Anne und Marie war's nicht so«, sagte er. »Oder bei Clare, meiner Clare«, sagte er schnell, »Clare-ohne-I, oder bei Val oder Sam, was das angeht.« Er war bereits bei Naomi, Pam und Sharon, als er nicht mehr ernst bleiben konnte. Ich gab ihm eins drauf.

»Elender Angeber!«, sagte ich.

»Ich hab wenigstens was zum Angeben« kommt jetzt, dachte ich. Er sagte dann aber: »Vielleicht muss man manchmal am anderen Ende des Zimmers sein, um zu sehen, was los ist.«

Was der Sack aber am besten fand, war zu beobachten, bevor er wieder ins Koma fiel, wie meine rechte Hand den äußersten Zipfel der Decke umklammert hielt, und immer, immer, egal wie ich mich drehte, sicherstellte, dass mein bestes Stück verdeckt blieb. Der Abstand zwischen Decke und Bauch blieb immer genau gleich, versicherte er, die Genauigkeit war unglaublich.

Guck mal einer an: »Das erste Mal lang schon hinter sich – und trotzdem noch so schüchtern, unser kleiner Katholik«, feixte er.

»Ich hab wenigstens nicht an mir rumgespielt«, lachte ich. »Tja, das ist die Anziehung des katholischen Bauchnabels! Die sorgt dafür, dass man schön anständig bleibt. Fehlt bei euch Protestanten.«

Es wurde still. Er sprang gar nicht darauf an (was selten war). Mir wurde bewusst, dass und warum ich immer tadellos zugedeckt war, als ich noch unter dem Dach meiner Eltern lebte. Erinnerte mich an mein Schweineglück, als eines Morgens mein Vater reinkam (was er sonst nie tat), um zu sagen, der Papst wäre tot. Manche Dinge machen einem klar, dass man nicht so frei ist, wie man glaubt. Auch Claire und ihr Betschwesternnachthemd fielen mir ein; Claire, die fand, der Anblick wäre unzumutbar, wenn ich mal nackt neben ihr schlief. Claire – die nackte Körper nur im Bad akzeptieren konnte, oder wenn wir's taten. Wenn sie keine Lust hatte, sollte dieses schreckliche Ding ihr nicht ins Gesicht starren, sagte sie.

Drew brach das Schweigen, spürte, dass etwas nicht stimmte.

»War doch okay, dass ich das gesagt hab?«, fragte er. »Das mit dem Kissen und so?«

»Doch, danke, war okay.«

Ich war froh, dass er's gesehen hatte; froh, dass er's auch gesagt hatte. Das mit Claire würde ich ihm ein andermal sagen; wo er sowieso alles von mir wusste. Würde ihn auch zum Lachen bringen, wenn ich das mit dem toten Papst erzähle – und ich splitternackt, nur knapp unter der Decke.

Aber erst wollte ich auskosten, was er da gesagt hatte. Wie viel Liebe du schenken kannst. Aus demselben Mund, der meinte, ich würde die Frauen längst haben, bevor ich sie nehme (auch das war der Katholik in mir, fand er). Und als ich den ›angefahrenen Igel‹ machte (wie er es nannte), weil Claire weg war, brachte er mich schließlich dazu, mich wieder zu öffnen; und bestand darauf, dass niemanden zu haben nicht nichts war.

Ich hatte zu lange nichts gesagt. Jetzt durfte er besorgt sein.

»Meinst du wirklich?«, hakte er nach. »Ganz sicher? Hätt' ich das echt sagen sollen?«

Ich sah ihn an. »Doch, keine Sorge, war okay. Echt.«

Ich wartete, bis ich sah, dass er sich entspannte, dann gab's: »Das letzte Mal, dass ich mit dir Schwuchtel ein Zimmer teile!«

Er lachte. Wir reichten uns die Hand, ungeschickter Versuch, sich high five zu geben. Er besah sich mein Gesicht, grinste, griff zur Gangschaltung, hielt aber nochmals inne, guckte mich an und nahm mich in den Arm.

»Danke«, murmelte ich und löste mich sacht.

Er guckte in den toten Winkel, und wir fuhren wieder los.

Deutsch von Andreas Jandl

Die Übersetzung entstand in enger Zusammenarbeit mit dem Autor, der selbst aus dem Deutschen ins Englische übersetzt.

David Constantine
Schlaflos

Sie wünschte es sich inbrünstig wie ein Kind: Lass es Italien sein, wenn wir hier hinausgehen. Leiser fügte sie hinzu: und ein tolles, großes Bett. Wenn der Engel geantwortet
hätte: Entweder das eine oder das andere, Mädchen, ich
hätte sie gedrängt, das zweite, Leichtere zu nehmen, aber
der Engel sagte nichts, und wir gingen hinaus in der Hoffnung auf beides und bekamen natürlich gar nichts. Ihre
Hoffnung auf Ersteres war auf nichts weiter begründet als
auf die Tatsache – die sie bereits kannte, sie verfasst gerade einen Reiseführer –, dass die Bilder der gemarterten
Heiligen in der Kirche von Malern angefertigt waren, die
aus dem fernen Italien gekommen waren.

Wir hatten die Codes und die Schlüssel zu einigen Schlaf-
stätten, aber diese waren tabu, und über mehrere Tage
schleppten wir uns durch die Straßen in einem Zustand der
Schlaflosigkeit. Ich wusste nie, wo wir hingingen oder was
als Nächstes passieren würde. Die Stadt ist laut, und vieles
von dem, was sie sagte, bekam ich nicht mit, und das, was
ich mitbekam, blieb mir unverständlich, denn oft, um mich
zu verwirren oder so, als sei ich gar nicht da, redete sie in
der Landessprache und oft auch, wie ich glaube, in Versen.
Ein oder zwei Mal oder sogar drei oder vier Mal schien es
mir, dass sie sich plötzlich besann oder einen Entschluss
fasste. Dann ergriff sie meine Hand, zerrte mich in die ent-
gegengesetzte Richtung, und mein Herz raste, und ich war
sicher, dass sie sich daran erinnert oder in einer Vision

gesehen hatte, wo es ein Bett gab, das erlaubt sein würde. Ich bin ein solcher Narr. Wir ließen das Sonnenlicht oder den prasselnden Regen hinter uns und gingen die Stufen hinab in den Untergrund. Sie hatte es eilig, zog mich hinter sich her. Auf allen Stufen saßen Frauen, die Flieder, Maiglöckchen, Rosen, Babyschildkröten, Welpen, Kätzchen oder sich selbst verkauften; alte Frauen, junge Frauen, eine in Pailletten, wie ein Fisch, aber wir gingen schnell an ihnen vorbei nach unten zu den Rolltreppen. Als ich die Tiefe und die Neigung, die seltsam blassen Lichter und die fast schimmernden Marmorwände sah, hatte ich zunehmend das Gefühl, dass für alle Bürger, egal ob lebend oder tot, die gemeinsam schlafen wollten und in Schwierigkeiten waren, dies genau der richtige Ort sei. Die Lampen waren in einem solchen Winkel angebracht und sahen so sehr wie Kerzen aus, dass es schien, man solle eine an sich nehmen, um den Weg zu beleuchten, während man auf der Rolltreppe hinunterfuhr. Aber kaum waren wir unten angekommen, da ging es auch schon wieder nach oben, vorbei an Männern, die auf den Stufen Uhren und Pornografie verkauften, hinauf ins Tageslicht, wo es regnete oder die Sonne schien.

Vielleicht kam ihre Grausamkeit daher, dass ihre Wünsche nicht erfüllt wurden. Auf dem Platz in der Nähe der Hinrichtungsstätte zeigte sie mir eine Kathedrale, die von einem berühmten Architekten gebaut worden war, den ein früher Schlächter in einer langen Reihe von kaiserlichen Schlächtern unmittelbar nach Fertigstellung hatte blenden lassen, damit er nie etwas Besseres würde bauen können, solange er lebte. Wir saßen in einem Fastfoodrestaurant und tranken Kaffee aus Styroporbechern, wir waren die Einzigen dort, egal wohin wir auf einen Kaffee gingen, wir waren immer die Einzigen, und die Angestellten, in Stars und Stripes gekleidet, lehnten an der Theke und beobachteten uns, wie wir einschliefen, und lauschten unserer schläfrigen Unterhaltung, die sie nicht verstehen konnten. Mir kam die Idee, dass der Architekt sich rächte, indem er Nacht für Nacht wach lag, die erloschenen Augen schmerzend wie bei einer furchtbaren Migräne, und sich Kathedralen, Paläste, Vergnügungshallen und hängende Gärten vorstellte, an denen gemessen das Gebäude auf dem Platz ein Scheißhaus und ein Schweinestall war. Und weiter, dass die einfachen Leute zu ihm hinliefen, wenn er sich jemals bei Tageslicht sehen ließ, mit seinen leeren Augenhöhlen, ihn an die Hand nahmen und ihn überall dorthin führten, wo er hinwollte, aber dass nie jemand den Schlächter an die Hand nahm, es sei denn, er drohte ihnen mit Blindheit oder Amputation – als sie plötzlich eine Verteidigungsrede für diesen grauenvollen Menschen von sich gab und sagte, er habe wenigstens gewusst, was er wolle, und dies auch getan und durchaus Sinn für Humor gehabt. Danach schwor ich mir, meine Zunge im Zaum zu halten und insgesamt vorsichtiger zu sein, aber für Schwüre dieser Art war es schon längst zu spät.

Sie weiß alles, was es über die Stadt zu wissen gibt, deshalb hat man sie auch damit beauftragt, einen topaktuellen Reiseführer zu verfassen, der Fremden als Hilfe dienen soll. Wahrscheinlich sind nirgendwo sonst auf der Welt solche einschneidenden und schnellen Umbrüche im Gange, aber sie hat sich geschworen, immer das aufzuzeichnen, was vorher dort war, und auch was damit geschehen ist. Zum Beispiel ist über Nacht eine strahlende, weißgoldene Kathedrale an der Stelle aufgetaucht, an der früher die öffentlichen Bäder waren. Aber die Bäder selber waren in das zerstörte Fundament eines alten Nonnenklosters eingelassen worden, sodass man sich plötzlich in den Umkleidekabinen in seiner Nacktheit von einer Braut Christi angestarrt fühlte, und wenn man jetzt während des Gebets die Augen öffnet, sieht man ganze Familien geisterhafter Schwimmer durch den Weihrauch treiben. Die Stadt ist voll von Geistern, und sie scheint die meisten davon zu kennen. Ohne ihren Reiseführer würde man die Hinrichtungsstätte wahrscheinlich für einen Konzertpavillon halten und an einem sonnigen Abend auf ein wenig harmlose Musik hoffen, aber wenn man nur erst einmal von ihr ein wenig über die vielen und ungewöhnlichen Arten des Tötens erfahren hat, würde man sich beim Anblick der Instrumente unwohl fühlen, glaube ich. Später – wir waren gerade in einem strahlend neuen, goldsilbernen Einkaufszentrum, das über Nacht in einem riesigen Loch im Boden entstanden war, wir waren ganz tief unten drin und tranken Kaffee aus Styroporbechern mit Sternenbannerdekor, natürlich allein, und das gesamte Personal beobachtete uns – sagte sie ein Gedicht des beliebtesten Dichters des Landes auf, in dem dieser von einem wilden Ritt durch Nacht und Nebel erzählt, der ihn zu genau diesem Platz in der Stadt führte, wo der Boden weich war von den Leichen seiner hingerichteten Freunde. Ich spreche die Landessprache nicht, kein Wort, nicht einmal eine einzige Silbe, und sie murmelte ihre Übersetzung vor sich hin, aber ich vermute, ich habe das Wesentliche dieses berühmten Gedichts mitbekommen. Dann – ich glaube, es war dann und bei einigen anderen Gelegenheiten auch – schien sie mich mit den Augen zu bitten, ihr das Mitleid zu zeigen, das sie selbst nicht zeigen wollte. Aber wir haben eins gemein – wir sind gemein –, und ich fragte sie, während wir in einem gläsernen Aufzug nach oben fuhren, wie in den Himmel, wie um die Engel zu fragen: ob es wahr sei, dass die Toten aus dem letzten Provinzkrieg noch unbegraben waren und wo sie aufbewahrt würden, die vierzigtausend, an welch kalten Orten? Und obwohl ich keine Bemerkung machte, sah sie, wie ich einen bettelnden, einbeinigen Soldaten beobachtete und ein Mädchen, das noch beide Beine hatte, deren einer Fuß aber in einem unmöglichen Winkel nach oben gedreht und entblößt wie eine Vulva war. Sie betrachtete mein Gesicht, um zu sehen, wie ich die Eindrücke aufnahm, die mir die Stadt gewaltsam vor Augen führte.

Ihr fiel ein, dass wir wahrscheinlich Essen dringender benötigten als Schlaf, und wir eilten an einen Ort, den sie kannte, ziemlich weit weg, und für den sie die Schlüssel und die notwendigen Codes besaß. Ich erinnere mich nur noch an den Notizzettel am Aufzug. Mein Freund, stand dort, wenn sich diese Türen öffnen, steig nur dann ein, wenn der Aufzug auch da ist. Ich werde dir jetzt etwas Landestypisches zubereiten, sagte sie. Aber hinterher verging meine gute Laune, die Stimmung wurde mürrisch, und die Grausamkeiten kamen wieder hervor. Ich stand am Fenster, sah nach unten und begann, ihr von einem Mann zu erzählen, einem Dichter, dessen Liebe zu Frauen Hand in Hand mit seiner Furcht vor ihnen ging. Liebe und Furcht, sagte ich, die Doppelhelix seines Körpers und seiner Seele. Sie starrte ins Nichts, es würde mich nicht wundern, wenn sie mit offenen Augen schliefe, und gab keine Antwort. Außerdem redete ich mit mir selbst und hätte wahrscheinlich ewig so weitergemacht, als es plötzlich regnete. Davon wachte sie auf. Der Himmel öffnete seine Schleusen, und schräg über die Sonnenstrahlen ergossen sich Regenmassen auf die Dächer und strömten an den Fenstern hinunter. Das machte sie munter. Es blitzte, donnerte und regnete in Strömen, eine seltsam zuckende Wasserflut. Sie stellte sich neben mich ans Fenster, nahm sogar meinen Arm und sagte: Jetzt wird alles grün. Der Fluss war erst vor einer Woche aufgetaut, aber was für ein Fluss, das Auftauen kaum wert, und nach dieser kleinen Enttäuschung richtete sie ihr Begehren auf etwas anderes, auf die Gärten, so es sie gab, die öffentlichen Parks und die heroischen Bäume. Jetzt wird alles grün, sagte sie. Ihre Sehnsucht nach Grün zerriss mir das Herz, aber ich tat nichts und sagte nichts, sondern betrachtete nur das Wasser, wie es von den Dächern strömte und versuchte, in die Regenrinnen und Überlaufrohre zu fließen, aber diese waren längst abgefallen oder verstopft, und das Wasser lief über und schlug sich unten auf dem Straßenpflaster, das immer mindestens hundert Meter tiefer lag, den Schädel ein. Es war ein rasches, beunruhigendes Schauspiel. Danach sah man für eine Weile einen Regenbogen. Dann nichts mehr.

Wir hielten uns bei den Händen, schliefen im Stehen, warteten darauf, dass ein Umzug der Alten Garde vorbeimarschierte, als ich ihr von einem Jungen namens Ben zu erzählen begann, den ich einmal kannte. Ich glaube, sein Name war Ben. Er hielt nicht viel von sich, und um dies zu zeigen, fügte er sich mit einer Zigarette Brandwunden an den Armen zu. Nichts, was man ihm sagte, konnte ihn dazu bringen, sich selbst zu mögen, und eines Tages führte er die Zigarette von den Armen zu den Augen. Nicht, sagte sie. Nicht wirklich die Augen, sagte ich, nur die Augenlider. Er ging auf die Toilette, und als er wieder herauskam ... Bitte nicht, sagte sie.

Wir standen an der Kante des Gehwegs, der Rinnstein war wie ein Bach. Sie sagte: Du scheinst immer nur grauenvolle Dinge zu sehen, wenn du die Augen schließt. Aber warum?, frage ich mich. Wenn wir auf eine Lücke hofften, konnten wir lange warten. Sie sagte: Du glaubst wohl, dass ich es gewohnt bin, Soldaten ohne Beine zu sehen und Frauen, die sich für einen halben Dollar verkaufen? Du glaubst wohl, dass ich mich daran gewöhnt habe? Ich schämte mich. Sie nahm meine Hand, und wir sprangen über das muntere Wasser. Es gab sechs Fahrbahnen mit dichtem Verkehr, der rasend schnell vorbeistürzte. Wir nehmen den Bus, sagte sie, hielt aber dann ein Auto an, irgendein Auto, und bedeutete mir, nicht zu sprechen, weil sonst der Preis steigen würde.

Wir waren hergekommen, um uns in einem alten Teil der Stadt eine Sehenswürdigkeit anzuschauen. Es war ein Haus, in dem eine berühmte Dichterin des achtzehnten Jahrhunderts eine Nacht mit ihrem Liebhaber verbracht hatte, der halb so alt war wie sie. Ich sage Haus, aber das Haus gab es nicht mehr, nur die Fassade stand noch, und das in einem sehr unsicheren Zustand. Sie waren dabei, es abzureißen, sagte sie. Dann erzählte ihnen ein Fremder, was dort passiert war. Hinter der Fassade war der Schutt der eigentlichen Zimmer, und auf dem Schutthaufen lag, mit der Unterseite nach oben wie ein toter Kakerlak, ein Auto. Ihr Gesicht hatte diesen Ausdruck, den es immer hat, wenn sie sich etwas Wichtiges für den Reiseführer notiert. Der Bürgermeister hat angeordnet, hier eine Gedenktafel anzubringen, sagte sie. Aber bis dahin ist die Mauer sicher schon auf einen Betrunkenen herabgestürzt.

Ich schämte mich immer noch. Ich krallte mich in ihr Haar, hielt ihr blasses Gesicht fest zwischen den Händen, ich sah ihr in die Augen und pries den Himmel. Ich pries die Blumen, die eilig von einem entlegeneren Ort gebracht wurden, wo es Felder und Gärtnereien geben musste. Ich pries die Würde eines alten Kriegskameraden, der mit so vielen Medaillen zugepflastert war, dass er aussah wie ein schuppiger Zauberfisch. Ich pries den Bernstein, den zarten weißen Knochen, das fossile Elfenbein. Sprich weiter, sagte sie. Die Mädchen, sagte ich, ihre helle Haut, ihre außergewöhnlich lichte Schönheit. Schwer bis unmöglich zu glauben, dass sie die Töchter oder gar die Enkelinnen dieser heldenhaft hässlichen Frauen in den Bussen sein sollen. Das sind sie auch nicht, sagte sie. Aber mir kam die hoffnungsvolle Idee, dass nach Jahren, nach Jahrhunderten, nach einem Holozän von Beton und Abscheulichkeit diese lichten Schönheiten erscheinen würden, nach dem Regen, unter dem Regenbogen, in unaufhaltsamer Fülle. Wir könnten nochmal etwas essen, sagte sie.

Ich stand am Fenster, sah hinauf und hinunter. Schweigen, Schweigen, Schweigen, der Wasserhahn tropfte. Um das Thema zu wechseln und sie auf die Probe zu stellen, fragte ich, wann das Gebäude erbaut worden sei. 1951, sagte sie. Es ist das hässlichste Gebäude der Welt, sagte ich. Es ist die größte Lüge und die entmutigendste Brutalität, die je von einem Menschen gebaut wurde. Es gibt noch sechs weitere, sagte sie. Der Schlächter war so zufrieden mit dem ersten, dass er dem Architekten befahl, ihm noch sechs weitere zu bauen. Wieder Schweigen. Ich fragte mich, was ich mir wünschen könnte, damit es sich besser anfühlte. Dann kam ein Mann in den Hof, um die Mülltonnen zu durchsuchen. Er verscheuchte die Krähen. Er durchwühlte alles gründlich. Er trug einen ordentlichen Rucksack auf dem Rücken, den er irgendwo gestohlen haben musste, denn sonst war er völlig heruntergekommen. Manche Dinge, die er fand, ließ er gleich seinem Magen zukommen, steckte sie mit Bedacht in den Mund. Für andere fand er im Mülleimer eine Plastiktüte. Es beobachteten ihn vielleicht tausend Menschen an ihren Fenstern auf den vielen Etagen, tausend Bewohner und die Wächter, aber er ließ sich Zeit, ließ die Krähen warten, suchte und sammelte, aß die kleinen Leckerbissen und verstaute den Rest im Rucksack, der aus neuem schwarzen Leder war und glänzende Silberschnallen hatte. Dann wischte er sich die Hände an der Jeans ab und verließ den Hof. Er wirkte sehr zielstrebig. Die Krähen setzten ihre Suche fort. Sie sind nicht wählerischer beim Aussuchen, nur besser. Dann kam eine Hausfrau nach draußen und warf ihren Müll hinein. Kurz danach kam noch eine. Mir kam die Idee, dass man immer gute Chancen hatte, wenn man Mülltonnen durchsuchte; sie wurden immer nachgefüllt, man brauchte sich nicht beeilen oder planen, es gab immer die Möglichkeit, ein Glückspilz zu sein, und wenn nicht hier, dann woanders, es gibt so viele Mülltonnen. Dann wurde mein Mund trocken.

Sie saß am Tisch, ich ging zu ihr, um ihr ins Gesicht zu sehen. Schweigen, der tropfende Wasserhahn. Wie soll ich das mit ihrem Gesicht erklären? Ich hatte das Gefühl, wir würden ihre Schläfrigkeit ausnutzen. Ich meine, sie ließ mich einfach hinsehen. Ich sah sie an, aber sie beobachtete mich. Sie beobachtete, wie ich sie ansah, als von ihrem Gesicht, weil sie so schläfrig war, weil sie in gewissem Sinn (wie sie sich vielleicht selbst gesagt hatte) mit weit geöffneten Augen alles wahrnahm und doch schlief, als von ihrer Miene der Schleier des Verbotenen abfiel. Der Wasserhahn, das Schweigen pressten sich gegen meine pulsierenden Schläfen und mein Herz. Wenn ich von einem Gesicht sagen kann, dass es einen Ausdruck trug, dann kann ich sagen, dass es jetzt dessen beraubt war. Weil mein Mund so trocken war, starrte ich auf ihren. Sie beobachtete, wie ich zu dem Schluss kam, dass ihr Mund nicht so ausgedörrt war wie meiner. Im Schlaf gestattete sie sich den Hauch eines Lächelns. Mit Hauch meine ich das, was gewesen ist, und das, was sein könnte, ich meine die Erinnerung und den Wunsch. Aber als ich mich dahin neigte, zu dem Wunsch, dem Hauch des Vorgeschmacks, schüttelte sie den Kopf, aber nur ein wenig, so wenig, dass ich schwören könnte, es bedeutete nicht nur Nein, vielleicht noch nicht einmal Nein, sondern auch, sogar, verwundert, Ja.

Ich trank ein paar Schlucke Wasser aus dem Hahn. Dieser Wasserhahn, sagte ich, bei dem ständigen Tropfen könnte ich nie schlafen. Das werden wir auch nie, sagte sie.

Jetzt weiß ich nicht, wo sie ist. Sie wendet sich ab, ich sehe glitzernde Regentropfen in ihrem schwarzen Haar, ich sehe sie im dichten Verkehr über die Fahrbahnen laufen. Vielleicht überlässt sie die Entscheidung dem Engel und den Autos. Wenn ich es schaffe, wenn ich hier rüberkomme, dann soll es so sein. Sie geht schnell in Richtung U-Bahn. Ich folge ihr. Die Frauen bieten ihre Blumen und Tierbabys an, sie drängt sich vorbei, hinunter in die Halle, in der sich so viele Menschen drängeln, dass ich Angst habe, sie zu verlieren. Die Rolltreppe erfüllt mich mit dunklen Vorahnungen, wie ein drohender Wasserfall. Wir werden stürzen, wir werden springen müssen, die Höhe, die Tiefe, das sind mindestens 300 Meter. Aber sie betritt sie, ohne zu zögern, und die schnellen Stufen bringen sie nach unten.

Es ist niemand sonst da. Wenn ich so weit komme, ist alles leer, der ganze weitläufige, öffentliche Ort ist völlig menschenleer. Und bis auf die Stufen, die schnell klickenden Stufen, und den Wind, den heulenden Wind in den Tunneln weit unten, hört man kein Geräusch. Der Marmor ist kalt und leuchtet schwach, die Fackeln ragen auf, eine nach der anderen, die blassen elektrischen Kerzen nähern sich ihrer rechten Hand. Ich kann dies sehen, wann immer ich will, wenn ich die Augen schließe, und die Frage ist jedes Mal, wird sie sich umdrehen, und werde ich folgen?

Deutsch von Andrea Arendt

David L. Hayles

Shandoman –
Die Rückkehr des Superhelden

Als Putzo mit seinen marodierenden Horden über die Stadt herzufallen drohte, ließ der Bürgermeister das Notsignal an Shandoman setzen. Das Shandozeichen – ein geschlängeltes gelbes ›S‹ – erschien strahlend hell am Himmel über der Stadt.

Shandos Adjutant Russell betrat Shandomans Arbeitszimmer in seiner Villa am Stadtrand. Shandoman saß mit gesenktem Kopf vor dem Kamin und starrte in die Flammen.

»Shandoman«, sagte Russell. »Haben Sie schon gesehen, das – «

»Das Zeichen? Ja, ich habe es gesehen.«

»Soll ich – das Shandomobil fertig machen?«, fragte Russell.

Shandoman hob den Kopf und sah Russell an.

»Das wird nicht nötig sein.«

»Was? Heißt das – Sie wollen zu Fuß gehen?«

»Nein. Ich gehe nicht zu Fuß. Ich werde überhaupt nicht gehen«, antwortete Shandoman und starrte wieder zurück ins Feuer.

»Aber – Sie müssen.«

Shandoman schüttelte den Kopf.

»Aber wieso, Shandoman, wieso? Wo sich doch die ganze Stadt auf Sie verlässt?«

»Das will ich Ihnen erklären«, sagte Shandoman.

Der Bürgermeister saß in seinem Büro und brüllte ins Telefon.

»Was soll denn das heißen, er hat sich noch nicht bei uns gemeldet? Sie haben das Shandozeichen am Himmel erscheinen lassen und null Reaktion? Na, bleiben Sie dran, bleiben Sie dran. Vielleicht greifen sie heute Nacht schon an, um Himmels willen. Und in der Zwischenzeit mobilisieren Sie gefälligst alle unsere Truppen und die Polizei. Ich weiß, ich weiß, aber das ist das Beste, was wir bis zu Shandomans Eintreffen tun können.« Am Telefon begann ein Licht zu blinken.

»Hören Sie, ich muss Schluss machen, ich habe noch einen anderen Anruf in der Leitung. Vielleicht ist er das ja.« Hastig tippte er auf die Verbindungstaste am Telefon.

»Shandoman? Ist dort – ach, Sie sind's. Hab ich mir doch gedacht, dass ich von IHNEN hören würde, Putzo. Sie haben was gehört? Da liegen Sie leider falsch. Shandoman geht's gut, und er ist schon unterwegs. Wann? Das werde ich Ihnen gerade auf die Nase binden. Ihr Risiko, Putzo. Wieso das Shandozeichen noch eingeschaltet ist? Als kleine Erinnerung für *Sie*, Putzo, als Erinnerung, dass er schon *unterwegs* ist. Wie? ... ja, tun Sie das nur, Putzo, tun Sie das, kappen Sie die Hauptstromversorgung der Stadt, setzen Sie sich ruhig selbst außer Gefecht, ja, ganz wie Sie wollen, Sie werden ja sehen, wie weit Sie damit kommen. Sie wollen was? – in Brand setzen? ... na dann, herzlich willkommen, schön, machen Sie nur so weiter, wer braucht schon das Rathaus? Ja, hm-hm, die Rückkehr Shandomans, richtig. Was!« Der Bürgermeister machte ein finsteres Gesicht und fing an, mit dem Zeigefinger in das Mundstück des Telefons zu drohen.

»Jetzt hören Sie mal gut zu, Putzo – lassen Sie gefälligst meine Frau aus dem Spiel ... Jetzt ist Schluss mit diesem widerlichen Geschwätz! Wenn Sie das versuchen, dann – dann –« Der Bürgermeister knallte den Hörer auf und drehte sich in seinem Sessel herum, um das Shandozeichen draußen anzusehen, das über der Skyline in den Nachthimmel projiziert wurde.

»Komm schon, Shandoman – wir verlassen uns auf dich.« Der Arzt überprüfte Shandomans Blutdruck.

»Was, meinen Sie, hat zu Ihrem jetzigen Zustand geführt?«

»In letzter Zeit ist einiges zusammengekommen. All das Gerede über Putzo. Irgendwie ist mir alles über den Kopf gewachsen. Ich weiß, es ist alles nur Einbildung, Doktor – die Wellen, die dunklen Wellen –, das ist irrational, aber ich bekomme es einfach nicht in den Griff. Wenn ich erst einmal die Medikamente nehme, werde ich doch schnell wieder in Ordnung kommen, oder?«

»Wir wissen, dass sie schon einmal gut bei Ihnen angeschlagen haben, es gibt also keinen Grund, weshalb das nicht wieder so sein sollte.«

»Danke, Doktor. Werden sie dieses Mal schneller wirken, weil ich sie früher schon einmal genommen habe?«

»Ich fürchte, es kann an die zwei Wochen dauern, bis die Wirkung eintritt.«

»Zwei Wochen! Das ist zu spät! Putzo kann jeden Augenblick angreifen – ich muss unbedingt wieder auf die Beine kommen –, ich kann mir diesen Zustand einfach nicht leisten. Oh, ich fühle mich so hilflos, so verzweifelt.«

»Die Tablette ist noch nicht erfunden, die dafür sorgen könnte, dass es Ihnen auf der Stelle besser geht.«

»Da haben wir nun den Mars besiedelt, Unterwasserstädte gebaut, eine Zeitmaschine erfunden – «

»Man hat eine Zeitmaschine erfunden?«, fragte der Arzt verwundert.

»Jedenfalls hat *nicht viel gefehlt*, und sie hätte funktioniert.«

»Davon habe ich gar nichts gehört.«

»Ich habe davon gelesen. In einer Illustrierten in Ihrem Wartezimmer. All diese großartigen Dinge, und trotzdem schafft man es nicht, eine Therapie gegen Depressionen zu entwickeln, die nicht einen halben Monat braucht, um zu wirken. Warum nur, frage ich Sie, warum, *warum*?«

»Jetzt werden Sie ein bisschen hysterisch, Shandoman. Sie sollten einfach nicht mehr an Putzo denken und sich lieber auf Ihre Genesung konzentrieren.«

»Nicht mehr an Putzo denken!«

»Wenn Sie wollen, kann ich Sie krankschreiben.«

»Oh nein, ich bin am Ende, am Ende, verstehen Sie!«

»Sie müssen versuchen, sich zu entspannen. Ihr Blutdruck ist zu hoch. Ich werde Ihnen jetzt ein Schlafmittel geben.«

»Das ist das Ende«, murmelte Shandoman mit schwächer werdender Stimme.

Putzo ließ zwei seiner Leute ein Flugzeug entführen und es über der Hauptstromversorgung der Stadt abstürzen. Er schickte dem Bürgermeister lediglich eine Nachricht:

KLEINER VORGESCHMACK!

Der Bürgermeister starrte hinab auf die Stadt. Im Osten sah er Feuer auflodern. In der Ferne konnte er das Kuppeldach des Colosseums erkennen, das gerade wie eine Eierschale auseinander bröckelte, und links davon war anstelle des Loomis-Sportstadions ein einziger grünlich glimmender Feuerschein – sie hatten es erst vor drei Monaten neu eingeweiht. Die Stadt befand sich im Katastrophenzustand. Er raufte sich die Haare.

»Wo zum Teufel steckt er, wo zum *Teufel* steckt Shandoman? Verdammt nochmal!« Er schlug mit der Faust auf das Fensterbrett. Das sieht ihm nicht ähnlich, dachte er, das sieht ihm überhaupt nicht ähnlich. Ausgerechnet jetzt, wo wir ihn am dringendsten brauchen. Er hat uns doch vorher noch nie im Stich gelassen.

Er lehnte sich zurück, biss sich auf die Lippen und überlegte ... sah ihm nicht ähnlich ... natürlich, es sah ihm nicht ähnlich ... das war es! Ein Trick! Ein Teil seines Plans. Putzo wäre natürlich auf sein Kommen vorbereitet – und Shandoman umging einfach Putzos Falle –, der Gegenbluff! Ja, so musste es sein. Shandoman hatte dem Bürgermeister nichts gesagt, hatte niemandem etwas davon gesagt, um sicherzugehen, dass sein Plan auch hundertprozentig klappte. Raffiniert!

Der Bürgermeister grinste in sich hinein. Komm du nur mit deinen Messern und Gewehren, Putzo, wir warten schon auf dich! dachte er. »Der gute alte Shandoman«, murmelte er kichernd und rieb sich die Hände. »Ich habe doch gewusst, dass wir uns auf ihn verlassen können.«

Er ließ sich mit Russell in der Shandovilla verbinden. »Ätschibätsch, Russell, ich weiß über alles Bescheid.«

»Sie wissen Bescheid? Worüber? Wie – hat sein Arzt ...?«

»Was hat denn sein Arzt damit zu tun? Ist er etwa krank?«

»Nun, wie soll ich sagen – «

»Aha – ja – natürlich – krank, wie? Ja, ja, das ist sehr schlau! Also, wann können wir mit ihm rechnen?«

»Man kann diese Sache nicht beschleunigen – die Behandlung – «

»Behandlung – ha, ha, verstehe, ja. Bis ins Detail durchdacht. Um Putzo Sand in die Augen zu streuen.«

»Das ist kein Scherz, Bürgermeister.«

»Nein, wirklich nicht. Na gut, wir werden hier sein – und warten. Wünschen Sie Shandoman gute Besserung von mir.«

Der Bürgermeister legte das Telefon auf. Guter alter Shandoman! Tat so, als wäre er außer Gefecht, dabei legte er die ganze Zeit den Köder für Putzo aus, mit Haken, Schnur und Senkblei! Der Bürgermeister hätte die Sache selbst nicht besser einfädeln können!

Shandoman schluckte die zweite Tablette. Er war in eine furchtbar düstere Stimmung verfallen. Noch dreizehn Tage, bis es ihm besser gehen würde. Dreizehn Tage! Dreizehn Tage waren eine Ewigkeit, und da half alles Rechnen nicht, es blieben immer dreizehn Tage.

Der Bürgermeister war am nächsten Tag in seinem Büro. Russell war am Apparat.

»Immer raus damit«, sagte er.

»Er kommt nicht – «

»Wieso denn nicht, um Himmels willen, wieso – «

»Er kann nicht.«

»Ka – *kann* nicht?«

»Noch nicht.«

»In Gottes Namen, wann dann? Wir brauchen ihn jetzt!«
Russell brachte ihm die schlechte Nachricht möglichst
schonend bei.

Das ist bestimmt Teil des Plans, dachte der Bürgermeister noch immer fast arglos.

Auf einem Silbertablett brachte Russell die Morgenzei-
tungen.

Er stellte es neben Shandomans Bett und ging die Vorhänge aufziehen.

»Lass sie zu«, fuhr ihn Shandoman an. Er wollte nicht
den Rauch der schwelenden Stadt durch die Fenster sehen.
Er schielte auf die Schlagzeilen der Morgenzeitung.

»PUTZO ZERSTÖRT –« weiter konnte er nicht lesen. Er
wischte die Zeitungen auf den Fußboden.

»Werden Sie heute das Shandomobil benötigen?«, fragte
Russell.

»Nein, danke«, antwortete Shandoman und versuchte,
einen Rest Haltung zu bewahren. Dann zog er sich das Kissen über den Kopf.

»Denken Sie daran, Ihre Tablette zu nehmen«, sagte Russell.

»*Das* vergesse ich bestimmt nicht«, sagte Shandoman.
»Lassen Sie mich bitte alleine.«

Shandoman schluckte seine Tablette. »Ich muss jetzt
stark sein«, sagte er sich.

Der Bürgermeister gab eine Pressekonferenz.

»Wie können Sie den Bürgern das Nichtauftauchen von
Shandoman erklären?«, fragte George Ryan vom ›City Star
Chronicle‹.

»Shandoman hatte einen Zusammenbruch –«, platzte der
Bürgermeister heraus.

»Einen Zusammenbruch!«, rief Adrian Peterson vom
›Times Herald Reporter‹. Der ganze Raum geriet in Auf-
ruhr, die Pressetruppe sprang auf und warf Notizblöcke
durch die Luft.

»Bitte, bewahren Sie Ruhe«, beschwichtigte der Berater des Bürgermeisters. »Was der Bürgermeister damit sagen wollte, ist, dass das Shandomobil – *zusammengebrochen* ist – ja, das ist es – auf der Fahrt in die Stadt – hat es einfach den Geist aufgegeben.«

»Lässt es sich reparieren?«, wollte Marcus Weaver vom ›Courier Dispatch‹ wissen.

»Es wird daran gearbeitet«, sagte der Bürgermeister.

»Bis wann?«, hakte Weaver nach.

»Nun, sie brauchen ein Ersatzteil – das muss erst hergeschickt werden.«

»Welches Ersatzteil?«, fragte Owen Fields von der ›Late Edition‹.

Der Bürgermeister beugte sich zu seinem Berater, der ihm etwas ins Ohr flüsterte. »Den Flussmittelkondensator«, antwortete der Bürgermeister.

»Und was sonst noch?«, fuhr Owen fort.

»Ein paar Flansche«, sagte der Bürgermeister.

»Was sind denn Flansche?«, fragte Ben Wallis von der ›Union Times‹.

»Woher zum Teufel soll ich das wissen? Sehe ich vielleicht aus wie ein Mechaniker? Wenn ich einer wäre, würde ich die Ärmel hochkrempeln, rübergehen und so gut ich könnte mit anpacken! Noch Fragen?« Der Bürgermeister verlor langsam die Geduld.

»Glauben Sie, dass die Stadt noch zu retten ist?«, fragte Dave Gaffney von der ›New Republic Gazette‹.

»Daran habe ich nicht den geringsten Zweifel.«

»Und was wird in der Zwischenzeit getan, um Putzo daran zu hindern, unschuldige Bürger umzubringen?« Die Frage kam von Frank Joseph von den ›Metropolitan Evening News‹.

»Alles, was in unseren Kräften steht«, erwiderte der Bürgermeister. »Aber ich will gerne zugeben – wir brauchen Shandoman. Ich wünschte, er wäre jetzt hier.«

Die Presseleute murmelten zustimmend und gingen einer nach dem anderen, um ihre Berichte durchzugeben.

Als hätte er den Stoßseufzer des Bürgermeisters gehört, kam drüben in der Shandovilla Shandoman mit entschlossenem Schritt aus seinem Zimmer und wäre beinahe im Korridor über Russell gestolpert.

»Holen Sie mir meinen Shandodress«, befahl er, »und machen Sie das Shandomobil startklar!«

»JA, SIR!« rief Russell.

Die Tore der Shandovilla öffneten sich, und ein dumpfes Grollen war zu hören. Plötzlich kam das Shandomobil herausgeschossen und bog scharf links ab, dabei schleuderte es auf seiner Fahrt in Richtung Stadt den Kies durch die Luft und hinterließ eine Staubwolke – schnittig und rot, schnell und tödlich.

Fünfhundert Meter weiter kam es mit quietschenden Bremsen zum Stehen.

»Nein – kann nicht – zu früh – bin noch nicht so weit«, stammelte Shandoman.

»Sie müssen zurückfahren«, sagte er zu Russell und machte den Fahrersitz frei.

Putzo und seine Horden richteten immer weitere Verwüstungen an. Sie marschierten mit einer primitiven Shandomanpuppe durch die Straßen, die sie oben am Memorial Plaza im Herzen der Stadt anzündeten.

Der Bürgermeister bekam kaum noch ein Auge zu, und wenn doch, quälten ihn Albträume von Putzo, der sich höhnisch grinsend über ihn beugte, wobei der Geifer an seinen entblößten Fangzähnen herabtropfte. Dann wachte der Bürgermeister jedes Mal schreiend in seinem nassgeschwitzten Bett auf.

»Muss – geduldig – sein«, murmelte Shandoman. Er schaukelte in seinem Sessel vor und zurück, um sich bis zur Ankunft des Arztes zu beruhigen.

Der Arzt hatte vorher angerufen und gesagt, er hätte eventuell interessante Neuigkeiten.

»Worum handelt es sich?«, fragte ihn Shandoman, so bald er hereinkam.

»Ein Typ namens Kinsley. Hat ein Gerät erfunden. Ist momentan aber noch weitgehend im Versuchsstadium.«

»Wie wirkt es?«

»Es löst eine Sofortreaktion aus – eine Rosskur, wenn Sie so wollen –, mit der die Seele von Depressionen befreit wird, einfach so. Wirklich unglaublich.«

»Funktioniert das?«

»Nun, die bisherigen Ergebnisse waren ziemlich ermutigend. Er hat es an Tieren ausprobiert, Hunden und so weiter –«

»Hunde können auch depressiv werden?«

»Aber ja.«

»Ist der Typ Tierarzt?«

»Nein, nein. Er hat auch eine Reihe von Menschen getestet, leichte Fälle von Depression. Nun, wenn Sie es gleich versuchen wollen, müssten Sie vorher eine Haftungsausschlusserklärung unterschreiben. Nicht, dass es so riskant wäre, aber wie ich schon sagte – «

»Wann kann es losgehen?«

»Jederzeit. Zum Glück liegt die Klinik außerhalb des Stadtgebiets. Mein Gott, womöglich wäre sie sonst schon längst von Putzo in die Luft gesprengt worden, wenn sie –«

»Ich will kein Wort davon hören«, schnauzte Shandoman ihn an.

Der Arzt vereinbarte für Shandoman gleich für den nächsten Vormittag einen Termin in der Kinsleyklinik.

Shandoman unterzeichnete die Erklärung und wurde in Kinsleys Behandlungszimmer geführt.

»Bisher sind die Ergebnisse sehr gut, sehr gut«, sagte Kinsley, überflog die Verzichtserklärung und steckte sie zusammengefaltet in seine Jackentasche. »Mein Lebenswerk – so gut wie vollendet, in dieser einzigartigen Maschine«, sagte er und zeigte dabei auf ein zylindrisches Gerät mit einer Plexiglastür. »Die negativen Impulse werden von hier entfernt –«, dabei deutete er auf Shandomans Kopf, » – und hier hinein übertragen.« Dabei deutete er auf die Maschine.

»Wie schnell geht das?«

»Sofort.«

»Meine Güte!«

»Wie schlecht geht es Ihnen?«

»Sehr schlecht.«

»Gut. Ausgezeichnet. Lassen Sie es uns versuchen.«

Man schnallte Shandoman auf einem Liegesitz fest und befestigte Drähte an einem Stirnband.

»Alles, was wir jetzt noch brauchen, ist ein Absorptionsbehälter für die negative Energie«, sagte Kinsley. Er ging in eine Zimmerecke und hob dort eine Topfpflanze hoch. »Hier, sehen Sie – eine gesunde Zimmerpflanze. Ha! Trauen Sie niemals einem Arzt, dessen Zimmerpflanzen tot sind! Wie Sie sehen, ein lebendiger Organismus.« Er öffnete die Plexiglastür zur Maschine, stellte die Pflanze hinein und schloss die Tür wieder.

»Jetzt sind wir fertig. Sie werden sich gleich bedeutend besser fühlen – im Handumdrehen, dank dieser Maschine – der einzigen ihrer Art –, das hier ist mein Lebenswerk!«

Kinsley legte einen Hebel an der Seite der Maschine um. Sie begann zu summen. Shandoman spürte, wie das Band um seinen Kopf sich enger spannte. Die Pflanze verwelkte schlagartig, und die Tür sprengte ihre Angeln. Die Schalttafel an der Seite der Maschine fing Feuer. Mit einem ohrenbetäubenden Knall explodierte die ganze Apparatur und verschwand in einer Rauchwolke. Als der Rauch sich langsam legte, waren ihre Einzelteile über den ganzen Fußboden verstreut.

»Um Gottes willen!«, schrie Kinsley, als er schluchzend auf die Knie fiel.

»Entschuldigung«, sagte Shandoman.

Die einzige noch erscheinende Zeitung – das ›Student New Journal‹ – druckte immer skeptischer klingende Leitartikel über Shandoman und wie er die Stadt im Stich ließ. Auf

Anraten seines Beraters berief der Bürgermeister eine weitere Pressekonferenz ein.

Der eifrige junge Journalist der Studentenzeitung ›Dimitri Paltrow‹ feuerte seine erste Frage ab: »Was haben Sie den Gerüchten entgegenzusetzen, denen zufolge Shandoman unter Depressionen leidet?«

Der Bürgermeister blickte erschrocken drein. »Woher haben Sie das?«

Dimitri zuckte kokett mit den Schultern. »Ein Journalist gibt seine Quellen nie preis«, antwortete er.

Der Assistent flüsterte dem Bürgermeister etwas ins Ohr. Der Bürgermeister richtete sich gerade auf. »Egal was die Gerüchte sagen, Sie haben da etwas Falsches gehört«, sagte der Bürgermeister. »Es geht nicht um ›Depression‹, sondern um ›die Presse‹ – Stress mit der Presse.«

»Er leidet unter der Presse? Was soll denn das heißen? Er kann den Stress nicht ertragen?«

»Aber nein, er lebt bei Stress erst richtig auf.«

Dimitri kritzelte pflichtbewusst etwas auf seinen Notizblock. »Und wieso unternimmt er dann nichts?«

»Das kann ich Ihnen nicht sagen.«

»Die Öffentlichkeit hat ein Recht, das zu erfahren.«

»Und wenn es die Öffentlichkeit erfährt – weiß damit auch Putzo Bescheid. Wir wollen ihm doch nicht in die Hände spielen.«

»Nun, eigentlich erfahren es ja nur die Studenten. Jedenfalls diejenigen, die sich überhaupt dazu bequemen, die Zeitung zu lesen«, murmelte Dimitri eingeschnappt. »Ist ja nicht so, dass sie dafür etwas bezahlen müssten.«

»Ganz unter uns«, fuhr der Bürgermeister fort. »Shandoman stellt eine Falle.«

»Was für eine Falle?«

»Das werde ich doch jetzt nicht ausplaudern.«

»Und wann?«

»Wann was? Wann ich es Ihnen sage?«

»Wann er denn die Falle zuschnappen lassen will?«

»Bald.« Hoffentlich bald, dachte der Bürgermeister.

Dimitri stand auf und wollte gehen.

»Ach, Dimitri«, fragte der Bürgermeister. »Wann erscheint das?«

»In der Ausgabe von nächster Woche, schätze ich.«

»Denken Sie daran, mir ein Exemplar zu schicken.«

Genau in diesem Augenblick gab es draußen eine Explosion, und alle warfen sich instinktiv der Länge nach auf den Teppich.

Shandoman hatte sich enttäuscht in seine Villa zurückgezogen. Es gab keine Wunderkur. Jetzt hieß es zurück zu den Pillen.

Russell wollte ihn auf den neuesten Stand der Ereignisse in der Stadt bringen, aber Shandoman sagte ihm, er hätte keine Lust, irgendwelche weiteren Nachrichten zu hören.

Shandoman schlief ein und träumte, Putzos Männer hätten ihn in ihre Gewalt gebracht und würden ihn durch die Stadt vor sich hertreiben, wobei sie ihn ab und zu hoch in die Luft warfen. Er fuhr schweißgebadet aus dem Schlaf hoch, sein Herz schlug wie wild.

»PUTZO!«, schrie er so laut, dass das Scheusal ihn beinahe hören konnte.

Ein paar Nächte später begann Shandoman besser zu schlafen, verbrachte aber die Tage damit, wie betäubt herumzulaufen und zu versuchen, an rein gar nichts zu denken. So sehr Russell auch drängte, Shandoman erteilte ihm ein striktes Verbot, ihm zu erzählen, was in der Stadt unter Putzo und seinen Männern geschah, damit seine Genesung dadurch nicht beeinträchtigt wurde. »Es ist besser, ich weiß nichts davon, bis es mir wieder besser geht, und dann kann ich auch die Dinge wieder zum Besseren wenden«, hatte er zu Russell gesagt.

Die meiste Zeit verbrachte Shandoman mit Schlafen und er fühlte, wie sein Körper langsam wieder zu Kräften kam und sein Geist sich entspannte. Er hatte sich übernommen, das war alles, und zwar so sehr, dass er panisch und depressiv geworden war. Das konnte ja nicht gut tun. Aber er fühlte, wie es ihm langsam, aber sicher, wieder besser ging – die schwarzen Wellen lichteten sich jetzt.

Russell schien ganz außer sich zu sein, aber Shandoman sagte: »Keine Sorge – ich werde hingehen. Weißt du – ich habe schon gedacht, es würde mir nie wieder besser gehen, aber jetzt glaube ich wirklich, dass es Licht am Ende des Tunnels gibt.«

Shandoman öffnete die Terrassentüren zum Garten auf der Rückseite der Villa. Er ging hinaus, und obwohl es bedeckt und trübe war, konnte er dem, was er um sich herum sah, etwas Freude abgewinnen, wo er vorher nichts als düstere Verzweiflung empfunden hätte. Das saftige Grün des Rasens, winzige weiße Schmetterlinge, die in der Luft tanzten, von irgendwoher der würzige Geruch nach brennendem Holz. Es bestand tatsächlich eine Chance auf Glück, dachte er. Nur noch einen Tag! Gebt mir noch einen weiteren Tag!

Es war Morgen. Putzo führte seine Horden die Hauptstraße entlang, die graue Architektur des Marcoli-Telegrafenamtes ragte bedrohlich auf beiden Seiten in die Höhe. Die Horden grölten, warfen Straßenbahnen um, zerbrachen Fensterscheiben, legten Feuer und warfen mit Handgranaten um sich. »Wir sind da, Jungs, wir sind da«, sagte Putzo, als sie am Rathaus ankamen. Er starrte an dem Gebäude hoch – mit seinen großartigen Säulen und Strebepfeilern, den prächtigen, hohen Fenstern, den geflügelten Putten und geschnitzten Blumenornamenten. Putzo begann zu grinsen und entblößte dabei seine warzenschweinartigen Hauer.

Der Bürgermeister kauerte unter seinem Schreibtisch, als er die Tür unter einem weiteren Axthieb zersplittern hörte.

»In Gottes Namen, Putzo, nicht weiter! Ich habe Verstärkung hier drinnen!«

»Gar nichts hast du da drinnen« schnarrte Putzo. »Wir kommen rein, und was wir mit dir machen, wenn wir dich erst mal in unserer Gewalt haben, na, das will ich dir lieber noch nicht sagen, damit du mir nicht gleich bewusstlos umkippst. Ich will, dass du hellwach bist für das, was wir für dich auf Lager haben.«

»Ich sage dir, Putzo – diesmal bist du endgültig zu weit gegangen. Es wird die reinste Hölle für dich werden, wenn Shandoman erst einmal hier ist.«

»Dass ich nicht lache – der Floh. Der kommt doch gar nicht. Weißt du, was ich gehört habe – ich habe gehört, dass er einen Nervenzusammenbruch hatte. Was sagt man dazu! Das hier ist jetzt unser großer Auftritt, Bürgermeister, und das weißt du auch. Deshalb kannst du uns auch gleich die Schlüssel zur Stadt übergeben und es hinter dich bringen.

»NIEMALS!«, schrie der Bürgermeister und kroch noch ein Stück tiefer unter seinen Schreibtisch. »Shandoman kommt ganz bestimmt!«

Putzos Lippen verzogen sich zu einem gemeinen Grinsen, das durch das Loch in der Tür zu sehen war. »Ja – klar kommt er –, mit einem Sprung in der Schüssel!«

Mit einem gewaltigen dumpfen Knall gab die Tür endgültig nach.

Shandomans Augenlider flatterten, bevor er die Augen ganz öffnete.

Er wartete eine Sekunde, um sicher zu sein, dass er sich nicht täuschte.

»Endlich«, sagte er ruhig. »Endlich.«

Er nahm eine Pille vom Tablett neben seinem Bett und schluckte sie mit etwas Wasser herunter.

Er stand aus dem Bett auf, räkelte sich und ging dann in das Ankleidezimmer, wo Russell seine Kleider bereitgehängt hatte. Er schlüpfte in den hautengen Shandodress. Er band die Stulpenhandschuhe fest und schnallte den Shandogürtel um. Er schlug die Hacken der silbernen Shandostiefel zusammen und überprüfte, ob sein Shandoschießeisen vollständig geladen war. War es.

Shandoman schritt hinüber zur Sprechanlage an der Wand neben der Tür. Er drückte auf den grünen Knopf.

»Russell«, sprach er in den Lautsprecher.

»Shandoman!«, antwortete Russell. »Es geht Ihnen wieder besser!«

»Der Spaß kann losgehen«, sagte Shandoman. Er schritt zum Shandoaufzug.

Die Tore zur Shandovilla öffneten sich. Das Shandomobil schoss mit aufheulendem Motor heraus. Im Bruchteil einer Sekunde war es in Richtung Stadt verschwunden, mit Shandoman am Steuer.

Das Shandomobil fuhr langsam durch die Straßen.

Überall lagen Tote auf dem Gehsteig. Gebäude waren dem Erdboden gleichgemacht, ausgebrannt, zerstört. Die Stadt war ein einziges Trümmerfeld.

»Das Werk von Putzo und seinen Männern«, sagte Russell kopfschüttelnd.

»Lass uns Putzo aufspüren«, sagte Shandoman. »Lass uns dem hier ein Ende machen.«

»Es ist schon zu Ende«, sagte Russell. »Sie haben getan, was sie tun wollten, und jetzt sind sie wieder fort.«

»Mist aber auch«, sagte Shandoman. »Gerade jetzt, wo ich wieder so weit war, einem Schwein wie Putzo Beine zu machen!«

Das Shandomobil fuhr weiter durch die zerstörte Stadt.

Deutsch von Birke Bossmann

Richard Beard

Ich kann mich nicht denken hören

Der Londoner Flughafen Heathrow ist einer der wenigen Orte Englands, an denen man mit Sicherheit eine Schusswaffe zu Gesicht bekommt. Diese Schusswaffen werden von Polizisten in kurzärmligen Hemden und schwarzen, kugelsicheren Westen getragen, stets in Alarmbereitschaft wegen Terroristen, die einen Tie-Rack-Laden in die Luft jagen wollen. Es ist unwahrscheinlich, dass sie mich direkt ansprechen werden, aber sollten sie es doch tun, dann werde ich ihnen die Wahrheit sagen. Ich werde ihnen meinen Plan verraten. Ich werde nämlich so lange hier am Flughafen Heathrow bleiben, bis ich jemanden gesehen habe, den ich kenne.

Am belebtesten Flughafen der Welt sollte das nicht allzu lange dauern, und ich schätze, dass ich wieder daheim bin, bevor Ally zur Arbeit fährt. Es ist sechs Uhr dreiundvierzig frühmorgens. Mein Blick schweift zwischen so vielen Gesichtern hin und her, dass ich auf der Stelle jeden, den ich nicht kenne, wieder vergesse; bis auf ein kleines Mädchen, elf oder zwölf Jahre alt, das libanesisch aussieht und ein Hochzeitskleid trägt. Rote Stoffblumen schmücken ihr schwarzes Haarband, das eng um ihr wildes, nach hinten gekämmtes Haar geschlungen ist. Sie gehört zu den Menschen, die ich nicht kenne.

Am besten stellt man sich dorthin wo am allermeisten los ist, und wartet. Zu Victor und Clemmy sage ich immer, dass man etwas Sinnvolles tun muss, und so lehne ich mich nun erwartungsvoll an die Absperrung im Ankunftsbereich des Terminal 1.

Erstaunlicherweise warte ich neununddreißig Minuten lang, ohne auch nur eine mir bekannte Person zu sehen. Ich kenne keinen Einzigen, und keiner kennt mich. Ich bin ebenso anonym wie die Fahrer mit ihren einheitlichen Schildern, auf denen die Namen von ankommenden Fluggästen stehen (einige der Nachnamen kenne ich), nur dass die Fahrer besser gekleidet sind als ich. Seit wir Kinder haben, sieht alles, was ich trage, nach Schlafanzug aus. Mäntel, Hemden, T-Shirts, Jeans, Anzüge, alles sieht so aus, als hätte ich darin geschlafen.

Den ersten Anruf bekomme ich gegen sieben. Wie unbeteiligt und mit einem Gefühl von Macht lasse ich das Handy fröhlich in meiner Tasche vibrieren. Zehn Minuten später ein zweiter Anruf. Ich sehe auf dem Display, dass es wie erwartet Ally ist, als ob es jemand anderer sein könnte, und schalte dann das Handy ab.

Die meisten der ankommenden Passagiere aus Glasgow (BA 1473 0700), Manchester (AA 6614 0710) und Aberdeen (BD 671 0720) sind Männer, darunter Fußballfans von Celtic Glasgow in grün-weiß gestreiften Trikots und Hüten mit Schottenmuster, unter denen jeweils ein auffällig leuchtender Haarschopf hervorquillt. Das orangefarbene Haarteil ist an den Hüten befestigt. Normalerweise würde ich dies alles dem fünfjährigen Victor erklären, um ihn in Staunen zu versetzen, was ich alles so weiß. Außerdem soll er nicht denken, dass alle Schotten orangefarbenes Haar haben. Nicht alle Schotten sind gleich, genauso wenig, wie alle Väter gleich sind.

Frühmorgens ankommende Passagiere sehen manchmal aus wie Neugeborene, zerknautscht und missmutig. Instinktiv sehen sie sich sofort nach einem bekannten Gesicht um, auch wenn sie gar niemand abholt. Da kommt ein Mann mit einer Feder am Hut, ein anderer, der Gewaltdrohungen in sein Telefon brüllt, und auch ein kleiner Junge mit seiner Mutter, der aufgekratzt von gezuckerten Getränken und dem Erlebnis eines echten Fluges jedes Mal, wenn irgendwo ein Handy klingelt, laut »Telefon!« ruft. Er ist gut beschäftigt. Er ist gut laut.

Zu den Kindern sage ich immer: »Denkt nach!« Und hier stehe ich nun im Ankunftsbereich des Terminal 1, wo ich doch weniger als 13 Kilometer entfernt lebe. Von den Leuten, die ich kenne, werden nur wenige zu dieser Uhrzeit ankommen. Warum auch. Wenn überhaupt, dann fliegen sie ab, und zwar von einem der anderen Terminals.

Terminal 1 ist kein ernstzunehmendes Terminal. Vor allem Inlandsflüge starten und landen hier, und daher hat es keine besondere emotionale Bedeutung. Leeds/Bradford und London sind nicht weit genug auseinander für die leidenschaftlichen Gefühle, die von großer Entfernung entfacht werden. Aus Newcastle zurückgekehrt, steigen Paare ins Auto und fahren los, wohin auch immer.

»Gute Reise?«

»Verregnet. Bei dir?«

»Genauso.«

In den weiß-gelben, klimatisierten und gleichmäßig temperierten Gängen bleibt mein Blick an blassblauen Turbanen und dicken Menschen haften. Hier in diesem hellen, dauerhaften Tageslicht, so ganz ohne Schatten, sehen die Gesichter aller Dicken ähnlich aus und daher wie die Gesichter der Dicken, die ich kenne. Die Gesichtszüge verschwimmen, sind schwer zu erkennen, zusammengedrückt von überflüssigem Fett. Ich starre sie konzentriert an, denn ich möchte niemanden übersehen.

An einem Ecktisch von Costa Coffee, am Zugang zum Terminal 2, säubert eine vornehme Dame in einem schwarzen Rock und einer himmelblauen Strickjacke einen Tisch mit der Rückseite ihres Lederhandschuhs. Ich wusste, dass dies passieren würde. Endlich sehe ich jemanden, den ich kenne, und es ist jemand, den ich nicht sehen will.

Es ist Allys Mutter.

Ich bleibe abrupt stehen, in einer Entfernung von etwa fünf Metern, und hoffe, dass sie mich nicht bemerkt.

Eigentlich sollte ich jetzt daheim sein und zwar in dem Haus, das im 63-Dezibel-Radius des Flughafens liegt und bei dessen Kauf sie uns unterstützt hat. Zwar können wir unsere eigenen Gedanken nicht hören, besitzen aber eine preisgünstige Doppelhaushälfte mit einem kleinen Garten, von dem aus wir Fluggesellschaftenraten spielen können: Garuda, Iberia, JAL. Aber wir machen eine gute Miene dazu.

Die Dame blickt unvermittelt auf und greift nach ihrer Tasche. Sie richtet sich auf, um mich zu mustern, zuerst mit neutralem Blick, dann mit einem Stirnrunzeln. Es ist nicht Allys Mutter, aber sie sieht ihr sehr ähnlich.

Ich hetze weiter zum Abflugbereich von Terminal 2, wo selbstbewusst auftretende Männer meines Alters in Designerhosen das Land verlassen. Ich sehe auf die Monitore, und die erste Stadt, die mir ins Auge springt, ist Zagreb; das mich erinnert an Serbien und damit an Iana, und das ist nicht gut.

08.10 OK653 PRAG GATE CLOSED
08.20 LH4791 HAMBURG BOARDING
08.30 AF2671 PARIS CDG GATE OPEN

Und so weiter. Hier im Abflugbereich von Terminal 2 kann ich davon ausgehen, dass ich einen Bekannten sehe. Wenn es keiner meiner jetzigen Bekannten ist, dann bestimmt irgendein Streberkommilitone aus Unizeiten. Ich war auf einer guten Universität, und wenn ich mir nicht das Drüsenfieber eingefangen hätte, dann wäre ich genau von diesem Flugsteig abgeflogen, um mich für das dritte Jahr meines Studiums der modernen Sprachen aufzumachen. Ich hatte einen Job als Assistenzlehrer in Saragossa, aber es hatte nicht sollen sein. Zweieinhalb Monate lang blieb ich im Bett in meinem Kinderzimmer und ging dann an die Hochschule zurück, wo ich Ally traf, die dort Zoologie studierte.

Damals vor fünf oder sechs Jahren, naja wohl mehr sieben, aber eigentlich acht Jahren hatten wir eine Menge Bekannte. Die haben sich sicher nicht viel verändert, genauso wenig wie wir. Sie mögen vielleicht nach außen hin Erfolg repräsentieren, mehrere Sprachen fließend sprechen und ganz der Mode entsprechend gelangweilt von ihren vielen Reisen sein. Hier im Terminal 2 von London Heathrow um 8.20 Uhr an einem Dienstagmorgen können wir aber beide stolz darauf sein, dass wir uns mehr oder weniger so entwickelt haben, wie wir es uns erhofft hatten.

»Wohin geht's?«

»Zagreb«

»Wundervolle Stadt, dieses Zagreb.«

Wir vergleichen Jobs und Nachwuchs, sehen auf die Uhr und versprechen uns, in Kontakt zu bleiben. Als sich mein gleichgesinnter Freund schließlich in Richtung Passkontrolle aufmacht, fasse ich ihn am Ärmel seines Anzugs (oder sie am Ärmel ihres Kostüms, es könnte ja eine Sie sein, obwohl ich eher denke, dass es ein Er ist) und frage ihn, ob ich mit Iana, dem serbischen Teenager, schlafen sollte. Wie auch immer die Antwort ausfällt, ich gehe daraufhin zurück zum Auto, bin 20 Minuten später zu Hause, nicht schlauer als vorher, und Ally schafft es immer noch, vor 10 ins Büro zu kommen. Wenn sie sich beeilt.

Der einzige Haken an diesem Plan ist, dass ich immer noch niemanden gesehen habe, den ich kenne.

Es stellt sich heraus, dass die Leute, von denen ich fälschlicherweise annehme, ich würde sie kennen, wie Bekannte aussehen, die ich selten sehe. Das besorgte, berechnende Gesicht von Mrs Roberts, wobei es bei ihr nicht so sehr das Gesicht ist, an dem ich sie erkenne, als vielmehr die große Brille mit den quadratischen Gläsern. Ein kurzer Moment von Unentschlossenheit stellt sich ein, als ich vermeintlich eine meiner Cousinen mit Pferdeschwanz sehe und dann Mr Browning, der den Fußballplatz abzeichnet, obwohl das eigentlich nicht sein kann, weil er im Krankenhaus ist. Die Mannschaft hatte eine Wahnsinnshinrunde. Sie nennen mich Mum, und wenn ich etwas härter attackiere, als unbedingt nötig, Psycho-Mum.

Ich hänge im Abflugbereich des Terminal 2 herum, wie

einer, der gerade Lebewohl zu jemandem gesagt hat, den er liebt. Dies ist der Ort, an dem Iana ihren fetten und schlappen Ehemann verabschieden würde, wenn sie ihn liebte. Als sie damals eingezogen sind, haben wir sie heimlich von einem der Fenster im ersten Stock aus beobachtet. Er war so viel fetter und älter als sie, dass wir ihn für einen verheirateten Mann hielten, der mit seinem Aupair-Mädchen einzieht. Tatsächlich verhält es sich ja auch genauso.

Vielleicht ist es einfach wahrscheinlicher, dass ich Frauen erkenne. Ich sehe öfters zweimal hin, weil die Frauen an Flughäfen idealtypisch sind. Sie haben keine Angst zu gehen oder verlassen zu werden. Bei den Damen des Hockeyclubs Pontypridd sehe ich ganz genau hin, ob eine dabei ist, die ich vielleicht kenne, sie sind 2005 auf Europatour. Das ist sowohl absurd als auch nicht ganz auszuschließen.

Stunden vergehen. Ich bin müde vom vielen Nachdenken, und da, wo ich mir eigentlich Gesichter ansehen sollte, betrachte ich Beine. Ich betrachte, wie weit geschnittene Cargopants halbe Hintern fressen und dann wieder frei geben, bei einem Neuankömmling aus Mailand, aber auch bei Iana, die entlang unserer Straße zu den Geschäften spaziert, dabei Walkman hört und mitsingt.

Ich schalte mein Telefon an und öffne keine von Allys Kurzmitteilungen. Es klingelt sofort, und ich gehe ran, weil ich vergesse, dass ich Macht habe.

»Wo bist du?«

»Heathrow.«

»Wo?«

Sie ist weder entsetzt, noch will sie mich dazu bringen, dass ich ihr etwas Glaubwürdigeres erzähle. Ein Flugzeug fliegt gerade über unser Haus, und sie kann nicht hören, was ich sage. Ich warte, bis es vorbei ist, und im Hintergrund spielen oder kämpfen Victor und Clemmy hörbar miteinander.

»Ich bin am Flughafen.«

»Du solltest eigentlich hier sein.«

Keif, keif, keif.

Ich lege auf und mache mir Sorgen um das Auto in der Tiefgarage von Terminal 1, das dort für 2 £ die halbe Stunde steht. Nun da ich mich denken hören kann, denke ich, dass der Kurzzeitparkplatz kein richtiger Parkplatz ist, zumindest nicht, wenn man eine Leiche im Kofferraum verstecken möchte. Der Langzeitparkplatz wäre da der bessere Tipp. Auf dem Langzeitparkplatz hätte man mindestens einen Monat, bevor irgendjemand irgendwas bemerkte.

Der Kurzzeitparkplatz taugt nicht für Leichen, dafür ist er besser für Sex. Rund um die Uhr haben Menschen auf Kurzzeitparkplätzen des Flughafens Heathrow Sex. Nachdem sich hier so viele Paare wiederfinden und die wahre Liebe ja schließlich keinen Aufschub duldet, passiert das hier wohl ständig. Mir allerdings nicht, selbst wenn ich Ally von ihrem Jakartaflug abholen würde. Ich war gerade dabei, den Gepäckwagen zwischen einem Betonpfosten und dem Auto durchzuschieben, als sie mir gestand, dass sie mit einem Typen namens Tim geschlafen hätte. Tim war kein Indonesier. Er war aus Aldershot.

Ich habe Tim nie bewusst gesehen, also ist der Tim, von dem ich vor fünf Jahren mal was gehört habe, keiner der Leute, die mir unter den hellen Leuchtstoffröhren der Abflughalle von Terminal 2 wahrscheinlich über den Weg laufen. Außerdem wäre er bestimmt am Terminal 3, so ein ernstzunehmender internationaler Flugreisender wie Tim. Terminal 2 ist nur Europa. Kein ernstzunehmendes Terminal.

Drinnen im Flughafen Heathrow kann ich die Flugzeuge nicht hören. Es ist der einzige Ort im Anflugbereich von Heathrow, von dem man das behaupten kann, so als ob jedes Flugzeug engelsgleich geräuschlos ankommt oder abfliegt. Ich höre mich über alle Leute nachdenken, die ich kenne und von denen ich weiß, dass sie mich einmal im Stich gelassen haben, weil sie sich nämlich nicht an einem Dienstag frühmorgens in Richtung schicker europäischer Reiseziele aufgemacht haben. Meine ehemaligen Kollegen vom Versicherungsbüro sitzen wohl immer noch an ihren

Schreibtischen fest, so wie ich es ihnen immer vorherge-
sagt hatte, damals, als ich auch dort festsaß und meine Zeit
verschwendete, während sich Allys Karriere ständig
weiterentwickelte, sie ihren Doktor machte, ihr erstes For-
schungsstipendium an der Universität von Reading und
ihre erste Beförderung erhielt.

Unsere neueren ›Erwachsenen-Freunde‹, die richtige
Jobs haben und bei denen ich so halb davon ausgehe, dass
ich sie jeden Moment hier sehe, erzählen mir, dass die
Haushaltsführung eine absolut tadellose Tätigkeit für einen
Mann sei, ja sogar mutig sei es und männlich, das Da-
heimbleiben bei den Kindern. Diese Freunde von uns sind
hauptsächlich Allys Freunde. Ich scheine niemanden mehr
zu kennen, und in Gedanken weit weg von den Kindern
und den Flugzeugen, die über meinem Kopf kreisen, höre
ich mich selbst denken und lausche dabei den Gedanken
eines Jammerlappens. Das ist es nicht, was ich gehofft hatte
zu hören.

Ich fange an zu weinen, ohne dabei Grimassen zu schnei-
den oder zu schluchzen, mir laufen nur große, leise Tränen
die Wangen hinunter. Ich will nicht, dass irgendjemand,
den ich kenne, mich weinen sieht, weil ich nicht der Typ
Mensch bin, der am Flughafen Heathrow an irgendeinem
belanglosen Dienstagmorgen austickt. Ich führe unseren
Haushalt tadellos, wie ein Geschäft. Es ist ein ernstzunehmender Job. Ich habe Pläne, um die Staubsaugerbeutel-
situation zu überwachen und farblich gekennzeichnete
Ausdrucke über die ethischen Konsequenzen der Windel.
Ich bin nicht ich selbst heute Morgen. Ich weiß nicht, wer
ich bin.

Das Telefon klingelt. Ich nehme ab und drücke es an mein
Ohr.

»Wann dürfen wir mit dir rechnen?«

Ich werde ihr nichts vorheulen. Lieber sage ich gar nichts.

»Ich muss weg. Das weißt du doch.«

Ich lege auf und stecke sie zurück in meine Tasche. In

letzter Zeit hatten wir Probleme, Ally und ich, aber normalerweise versuchen wir, darüber zu sprechen. Ich sage ihr, dass ich mich manchmal müde und lustlos fühle, und sie antwortet: »Willkommen im Club«. Wir vereinbaren Termine beim Arzt und machen die Einflugschneisen dafür verantwortlich, dass wir dorthin müssen, weil das schwere Kerosin von oben wie ein unsichtbarer Nieselregen ununterbrochen auf uns herabregnet und unseren kleinen Garten kaputtmacht und das vergiftet, was noch von unseren Gehirnen übrig geblieben ist.

So ist das also. Wenn man uns sehen hätte können, hätte man festgestellt, dass es das abgelassene Kerosin war, das mich dazu brachte, neben Iana zu sitzen, auf dem von ihr gemieteten Sofa, meine Hand auf ihrem Schenkel, auf ihrer khakifarbenen Baumwollhose, halb zwischen Hüfte und Knie.

Tiefe Atemzüge. Nach einem flotten Spaziergang habe ich endlich den einzigen Ort am Flughafen Heathrow gefunden, an dem keiner, den ich kenne, sehen kann, wie ich weine oder mich selbst bemitleide. Traditionell sind Kirchen hierbei sehr nützlich, und die Kirche mitten in Heathrow heißt St. George's Chapel. Ich sitze auf einem Stuhl an der Rückwand, habe die Hände flach zwischen den Knien und schaukele hin und her. Das wäre ein gutes Versteck. Es wäre auch ein guter Ort, wenn man an einen Gott glauben würde, der hilft.

Mrs Roberts ist ungefähr 60 Jahre alt und lebt mit ihrem behinderten Ehemann zwei Türen weiter. Sie vermietet ihren Keller an Iana und Ianas abwesenden, nachlässigen, fetten Liebhaber mittleren Alters. Einmal ging Iana nach oben, um Mrs Roberts zu sagen, dass die Waschmaschine nicht mehr funktionierte, aber ihr Englisch war nicht so gut. Mrs Roberts rief daraufhin mich zu Hilfe, da alle wissen, dass ich nichts Besseres zu tun habe.

Ich ließ die Kinder bei Mrs Roberts, ging mit Iana die Treppe hinunter und machte ihr ein paar Dinge auf Deutsch verständlich, das sie nur teilweise verstand. Ich zeigte ihr stolz, wie man die Schalter im Sicherungskasten betätigt. Sie bot mir eine Tasse Tee an. Sie war jung und einsam, und manchmal dachte ich, ich bin nicht da, wo ich eigentlich sein sollte. Ich ging mehr als nur einmal zu ihr hinüber, immer tagsüber, wenn Ally arbeiten war. Ich tat so, als wäre ich ihr behilflich, und dann saßen wir nebeneinander und hörten den Flugzeugen zu, nicht mutig genug, um unsere Gedanken zu hören.

Ach. Ich stehe abrupt auf und schlage mir mit beiden Händen gleichzeitig gegen die Stirn.

Telefon.

»Ally.«

»Pass auf, ich bin nicht sauer.« Sie muss unterbrechen, da ein Flugzeug einfliegt. »Ich will nur wissen, wann du zurückkommst.«

»Kann ich nicht sagen.«

»Warum nicht?«

»Es dauert länger, als ich gedacht habe.«

»Ich dachte, wir hätten alles besprochen. Du meintest, es wäre in Ordnung für dich.«

»Es dauert nicht mehr lang. Versprochen.«

Ich hatte mir ein Ziel gesetzt. Ich werde heiraten und Kinder haben und glücklich sein bis an mein Lebensende. Ich werde ein empfindsames menschliches Wesen sein, das seine erfolgreiche Frau unterstützt. Ich verstehe jetzt alles und kann mir dieses Szenario auch durchaus vorstellen, den Anfang und den Mittelteil, und dies ist auch die Geschichte, von der ich möchte, dass die anderen Leute sie so sehen; das ist der Mann, der ich mir wünsche zu sein. Doch dann, an einem Dienstagmorgen, scheine ich das Ende verlegt zu haben.

Ich hätte mutiger sein können, stelle ich plötzlich fest. Ich hätte mir mehr vornehmen sollen. Ich hätte tatsächlich direkt ins Terminal 3 gehen sollen.

Ich mache mich auf den Weg – stolpernd, fast laufend –, denn wenn man etwas anfängt, dann muss man es auch zu Ende bringen. Das sage ich den Kindern immer. Es ist einer meiner Sprüche, Teil meines Auftritts als Vater, der uns durch den Tag bringt, bis die Mutter nach Hause kommt.

Terminal 3 ist ein ernstzunehmendes Terminal. In ein und derselben Halle hat man Passagiere aus Washington und Jeddah, die sich mit Vielfliegern von Iran Air mischen. Mein Fernsehwissen über den Islam reicht aus, um mich zu warnen, dass ich mich in Gesellschaft von hoffnungslosen Fanatikern befinde, die keinen Pfifferling auf ihr eigenes Leben geben. Innerhalb eines Radius von 15 Kilometern um Slough ist das Terminal 3 von Heathrow der Ort, an dem am wahrscheinlichsten Geschichte geschrieben wird.

Ich stehe da und warte.

Als sie ihren Doktortitel gemacht hatte, aber noch bevor sie ihren ersten Job annahm, ging Ally für drei Monate nach Indonesien, wo sie Tim aus Aldershot kennen lernte. Es war hier im Terminal 3, dass ich sie verabschiedet hatte, und hier holte ich sie auch wieder ab, als sie in einem Sarong zurückkam. Ich hatte keinen Sex mit ihr, so wie ich es mir eigentlich ausgemalt hatte, in der Kurzzeitparkzone auf der Rückbank des Autos.

Am Terminal 3 sind allein reisende Männer, die nicht Chauffeure oder verkleidete Terroristen sind, Sextouristen. In kurzen Hosen und verblassten Polohemden sind sie auf dem Weg nach Manila und Bangkok, wo düstere, feuchte Bars voller Mädchen warten. Wenn ich so etwas machen würde, wäre das etwas anderes. Es wäre nicht so verwerflich. Ich würde mir ein Mädchen aussuchen und sie dann behalten. Wenn sie ihr Geld wert wäre, würde ich das machen.

Was denke ich mir da? Ich würde, aber ich tue es nicht. Ich bin kein Sextourist, ich hatte noch nicht mal Sex auf einem Parkplatz von Heathrow. In meinem Kofferraum liegt keine Leiche. Ich habe es ja nicht mal geschafft, für ein Auslandsjahr nach Spanien zu gehen. Ich habe eine Frau und zwei Kinder, lebe 10 km vom Flughafen Heathrow entfernt, und ich sehe niemanden, den ich kenne.

Ich sollte am Eingang warten oder in der Nähe der Geschäfte. Am Busbahnhof oder am Ausgang zur U-Bahn

Piccadilly. So viele Alternativen, und wenn ich mich für die falsche entscheide, werde ich für immer in diesem einfachen, aber unnachgiebigen Tageslicht versauern. Es gibt Leute am Flughafen, die ich kenne. Es muss welche geben. Wir waren nur nicht gleichzeitig am richtigen Ort.

Ich bleibe, wo ich bin, und denke darüber nach, dass ich mir damals, als ich meinen Abschluss gemacht habe, ausgemalt hatte, einige Jahren mit Reisen in exotische Länder zu verbringen, bevor ich reich und berühmt und über alles erhaben zurückkehren würde. Ich hatte mich für eine Stelle als Englischlehrer in Tokyo beworben. Ally wollte nicht, dass ich gehe, also brachte Dad mich zum Flughafen, aber in letzter Minute, als ich mein Ticket so in der Hand hielt, entschied ich mich zu bleiben. Ich wollte Ally. Ich weinte, Dad konnte das nicht verstehen, und wir gingen zurück zum Auto und fuhren nach Hause.

Niemand scheint zu bemerken, dass ich nicht ganz bei mir bin. 63 Dezibel, 16 Stunden pro Tag, das unsichtbare Gift des ausströmenden Kerosins, ich kann mich nicht denken hören. Ich habe fast Lust, diesen Flughafen für alle Zeiten in die Luft zu jagen, und nach fünf Stunden ziellosem Umherwanderns, des Kopfzerbrechens, das zu nichts führt, hätte ich eigentlich verhaftet werden sollen. Um die Verhaftung etwas realistischer wirken zu lassen, von einem Polizisten mit einer großen, schwarzen Waffe. Und dann, wenn ich frei komme, weiß jeder, dass ich mir nichts zuschulden habe kommen lassen.

Es wird schwieriger, einzelne Gesichter zu erkennen. Die meisten der Leute, die tagsüber hier unterwegs sind, sind aufgrund ihrer äußeren Merkmale offensichtlich Fremde. Ein Spitzbart, dunkle Brillen, ein wiegender Gang, ein kurzer Rock, ein Sombrero. Ein purpurrotes Hemd und passende Krawatte. Flip-Flops und abgebrochene gelbe Zehennägel. Eine Weste, ein Haarteil. Ich werde hier für immer festsitzen und von Kaffeeresten und Apfelkernen leben, und wenn ich schließlich jemanden sehe, den ich erkenne, merken sie zuerst nicht, dass ich es bin. Ich sehe jemanden, den ich kenne, eine lange Nase, die einen Schatten über die Lippen wirft. Für eine unerwartete Fremde, mit der man Augenkontakt aufnimmt, ist sie überraschend attraktiv.

Meine Frau Ally hat bleiche Haare, sieht blass aus, hat ein Mondgesicht, das Haar zurückgebunden. Sie ist im siebten Monat schwanger, und an jeder Hand führt sie ein kleines Kind, das an ihrem Arm zieht wie schweres Gepäck. Diese zwei Kinder sind meine Kinder. Meine Frau hat ihren Kopf auf die Seite gelegt. Sie lässt die Kinder los, und sie laufen auf mich zu, als wäre ich gerade von weither angekommen. Ally breitet ihre Arme aus. Ich erkenne diese Geste, ihre glitzernden Augen, ihr aufgesetztes Grinsen, das sie unterdrückt, bevor es sich ganz auflöst. Sie ist außer sich vor Wut, aber nachdem meine Kinder nun meine Beine umklammern, habe ich endlich jemanden gesehen, den ich kenne. Ich kann also nach Hause gehen.

Deutsch von Marcus Endres

Autoren und Quellen

William Ryan, geboren 1965, besuchte das Trinity College in Dublin, bevor er in London eine Ausbildung zum Anwalt machte. Zu viel Zeit verbrachte er damit, für multinationale Banken zu arbeiten, schrieb in seiner Freizeit jedoch für Film und Fernsehen. 2003 entschied er sich ganz für die Schriftstellerei und machte 2005 einen Master in Creative Writing an der St. Andrews University. Die hier erstmals abgedruckte Erzählung »Dänemark« *(Denmark)* ist seine erste Veröffentlichung überhaupt. © William Ryan

Gwendoline Riley, geboren 1979, hat zwei Romane, *Cold water* und *Sick Notes,* bei Jonathan Cape veröffentlicht.
»Narziss des Nordens« *(Narcissus of the North)* ist ihrer Erzählsammlung *Tuesdays Nights and Wednesday Mornings* (Carroll and Graf, 2004) entnommen. © Gwendoline Riley

Henry Shukmans erster Gedichtband *In Doctor's No Garden* (Cape, 2002) wurde mit dem Aldeburgh Prize ausgezeichnet und ›Guardian‹- sowie ›Times‹-Buch des Jahres 2002. Seine Gedichte sind in ›Times‹, ›Guardian‹, ›Independent on Sunday‹, ›Daily Telegraph‹, ›TLS‹ und ›LRB‹ erschienen. Er arbeitete als Reiseschriftsteller und Posaunist. Mit *Darien Dog* (Cape, 2004) wurden eine Novelle und vier Erzählungen veröffentlicht. Sein erster Roman *Sandstorm* wurde im Juni 2005 publiziert.
»Roadmovie« *(Road Movie)* erschien erstmals im Jahr 2000 in der Hudson Review (USA). © 2000 Henry Shukman

Daren King wurde 1972 in Harlow (Essex) geboren. Sein erster Roman *Boxy an Star* kam in die engere Auswahl für den First Book Award des ›Guardian‹.
Die Erzählung »Heim Weh« *(Homesick)* wurde erstmals in ›Black Book Magazine‹ (USA, Februar 2000) abgedruckt. © Daren King

Suhayl Saadi schreibt Romane und arbeitet als Theater- und Radiodramaturg in Glasgow. Sein letzter Roman, *Psychoraag* (Black and White Publishing, 2004), kam für den James Tait Black Memorial

156

Prize in die engere Auswahl. Der Erzählband *The Burning Mirror* (Polygon Books, 2001) kam in die Endauswahl für den Saltire First Book Prize. Seinen ersten Roman *The Snake* (Creation Book, 1997) hat er unter dem Namen Melanie Desmoulins veröffentlicht. Saadi hat mehrere Anthologien herausgegeben und arbeitet momentan an einem weiteren Roman und mehreren Theaterstücken.

Die Erzählung »Der Pier« *(The Pier)* ist zuerst in ›Storyglossia. com‹ (Issue 2), San Diego erschienen. © Suhayl Saadi (www.suhaylsaadi.com)

Erica Wagner ist die Autorin von *Gravity: Stories* (Granta, 1997) und *Ariel's Gift: Ted Hughes, Sylvia Plath and the Story of Birthday Letters* (Faber and Faber, 2000). Ihre Geschichten sind vielfach publiziert sowie in Rundfunk- und Fernsehbearbeitungen ausgestrahlt worden. Sie schreibt derzeit einen Roman und ist Literaturredakteurin der ›Times‹.

»Die empfohlenen Methoden« *(The Recommended Methods)* erschien erstmals in ›The Enthusiast (UK). © 2004 Erica Wagner

Nicola Monaghan machte 1992 ihren Abschluß an der University of York und unterrichtete mehrere Jahre, bis sie eine Stelle in London annahm. Sie machte Karriere im Finanzgeschäft und ging nach New York, Paris und Chicago, bevor sie 2001 alles aufgab und in ihre Heimatstadt zurückkehrte. Absolvierte einen Master in Creative Writing an der Nottingham Trent University. Ihr erster Roman *The Killing Jar* (Chatto&Windus) erscheint 2006.

Die Erzählung »Der Frauenschwängerer« *(The Baby Maker)* wird hier erstmals veröffentlicht. © Nicola Monaghan

Tessa Hadley lebt in Cardiff, Wales. Ihr Erstlingsroman *Accidents in the Home* war für den First Book Award des ›Guardian‹ nominiert. *Everything will be all right*, ihr zweiter Roman, kam in die engere Auswahl für den Encore Award für Zweitromane. Sie hat Kurzgeschichten in ›The New Yorker‹ und bei ›Granta‹ veröffentlicht und ein Buch über Henry James geschrieben.

Die Erzählung »Stellvertreter« *(The Surrogate)* erschien zuerst in ›The New Yorker‹ (15. September 2003). © 2003 Tessa Hadley

Donal McLaughlin wurde 1961 in Nordirland geboren, lebt – abgesehen von einigen längeren Aufenthalten in Deutschland – seit 1970 in Schottland. Zahlreiche Veröffentlichungen von Kurzgeschichten sowie Arbeiten am Theater, als Herausgeber und Übersetzer aus dem Deutschen.

»Ohne zu wissen was wird« *(Surviving Uncertain Fates)* erschien zuerst in *New Writing Scotland* (Vol. 17, Association for Scottish Literary Studies (ASLS), 1997). © Donal McLaughlin

David Constantine arbeitet als Übersetzer u.a. von Hölderlin, Brecht, Goethe, Kleist, Enzensberger, Michaux und Jaccottet. Er schrieb vor allem Gedichte wie *Madder*, *Watching for Dolphins*, *Something for the Ghosts* und das lange Gedicht *Casper Hauser*. 2003 wurde er für den Whitbread Poetry Prize in die engere Auswahl gezogen und gewann im selben Jahr den Corneliu M Popescu Prize for European Poetry in Translation. Sein Gedicht *Trilobite in Wenlock Shales* kam in die engere Auswahl für den Best Individual Poem in the Forward Prize. Lebt mit seiner Frau und Übersetzerkollegin Helen in Oxford.
Under the Dam ist seine erste Erzählsammlung (Comma Press, 2005). In ihr wurde »Schlaflos« *(Sleepless)* erstmals veröffentlicht.

David L. Hayles, geboren 1970 in England, hat als Journalist, Mitherausgeber sowie Drehbuchschreiber fürs Fernsehen gearbeitet und zwei Sammlungen mit Kurzgeschichten veröffentlicht: *The Suicide Kit* (Secker and Warburg, 2002) und *Cannon Fodder* (Secker and Warburg, 2005). Lebt in London.
Die Erzählung »Shandoman – die Rückkehr des Superhelden« *(Shandoman Redux)* erschien zuerst in *Cannon Fodder*.

Richard Beard hat vier vielbeachtete Romane geschrieben: *X20* (Flamingo, 1998), *The Cartoonist* (Bloomsbury, 2000), *Dry Bones* (Secker and Warburg, 2004) und außerdem *Muddied Oafs, The Last days of Rugger* (Yellow Jersey, 2003).
»Ich kann mich nicht denken hören« *(Hearing Myself Think)* wird hier erstmals veröffentlicht. © 2006 Richard Beard

A. L. Kennedy im Verlag Klaus Wagenbach:

Paradies Roman

Das Paradies ist Hannah Luckraft nicht fremd: Einen Hauch davon spürt sie auf der Haut ihres Liebhabers und in jedem Drink, den sie zu sich nimmt. Die ergreifende Geschichte einer gescheiterten Existenz, voll finsterer Abgründe und lyrischer Stellen von atemberaubender Schönheit. Ein mutiges und kompromißloses Buch, das man nicht vergißt.

Aus dem Englischen von Ingo Herzke
Quart*buch*. Gebunden mit Schutzumschlag. 368 Seiten

Also bin ich froh Roman

Wie aus einer anderen Welt wirkt der neue Mitbewohner, der eines Morgens in der Küchentür steht. Er bricht so vehement in Jennifers wohlgeordnetes Leben ein, daß eine Halsentzündung der Radiosprecherin prompt die Sprache verschlägt. A. L. Kennedys zärtlichstes Buch.

Aus dem Englischen von Ingo Herzke
Quart*buch*. Gebunden. 288 Seiten

Alles was du brauchst Roman

Ein großer Entwicklungsroman – ein Buch über die Leidenschaft, mit der eine in Furchtlosigkeit aufgewachsene junge Frau das eigene Leben beginnt.

Aus dem Englischen von Ingo Herzke
Quart*buch*. Gebunden. 576 Seiten

Gleissendes Glück Roman

Helen Brindle ist verheiratet mit ihrem Peiniger und hat ein Verhältnis mit Gott, von dem sie sich einen Liebhaber wünscht. Ein Buch über eine seltsam starke Frau, das Sex und Gewalt in ihrer ganz zeitgenössischen Janusköpfigkeit präsentiert.

Aus dem Englischen von Ingo Herzke. Quart*buch*. Gebunden. 192 Seiten
Auch als LeseOhr. 3 CDs. Gelesen von Mechthild Großmann

Ein makelloser Mann *Erzählungen*

Elf Geschichten, die ihren Reiz aus der Gefahr und der Komik der Beziehungen zwischen den Geschlechtern entfalten. Sie handeln von den Fallen der Sexualität, der Gewalt hinter der Liebe, der Farce der Verführung, der Clownerie der Selbstliebe, der Demütigung hinter der Leidenschaft.

Aus dem Englischen von Ingo Herzke. Quart*buch*. Gebunden. 176 Seiten
Auch als LeseOhr. 1 CD. Gelesen von Sophie Rois

Stierkampf

Ein Buch über die ganz großen Erfahrungen: Ehrgeiz, Angst, Mut, Erfolg, Scheitern, Tod – und ein exzellentes Buch über den Stierkampf.

Aus dem Englischen von Ingo Herzke. Quart*buch*. Gebunden. 160 Seiten

Hat nichts zu tun mit Liebe *Erzählungen*

Neun Erzählungen, in denen es um Frauen und Liebe, Sehnsucht, Einsamkeit, Leidenschaft und Tod geht, um die Angst vor Nähe und die Angst vor Verletzungen.

Aus dem Englischen von Ingo Herzke. WAT 463. 144 Seiten

»Eine der radikalsten und aufregendsten Autorinnen der Gegenwart.«

Felicitas von Lovenberg,
Frankfurter Allgemeine Zeitung

Wenn Sie mehr über den Verlag und seine Bücher wissen möchten, schreiben Sie uns eine Postkarte (mit Anschrift und ggf. e-mail). Wir verschicken immer im Herbst die *Zwiebel,* unseren Westentaschenalmanach mit Gesamtverzeichnis, Lesetexten aus den neuen Büchern und Photos. *Kostenlos!*

Verlag Klaus Wagenbach   Emser Straße 40/41   10719 Berlin
www.wagenbach.de